宮崎市の平和の塔　平和台公園に建つ「平和の塔」。昭和 15 年、皇紀 2600 年を記念して建てられ、当時は「八紘之基柱」と呼ばれていた（宮崎県宮崎市）本文 26 ページ

弓道の奉納と都農神社
イハレビコの伝承を元に都農神社で行われた弓道の奉納（宮崎県都農町）本文58ページ

美々津にある「海軍発祥之地」 美々津は日本最古の港といわれる。立磐神社の参道入り口には「日本海軍発祥之地」の石碑が立つ（宮崎県日向市）本文 63 ページ

宇佐神宮　宇沙都比古らが住んでいた地に建つ宇佐神宮。八幡宮の総本宮で、その後もたびたび、日本史の舞台になっている（大分県宇佐市）本文 81 ページ

熊野の海　荒波が絶えず打ち寄せる英虞崎先端の千畳敷と高さ70メートルの楯ヶ崎。ここでイハレビコは2人の兄を失った（三重県熊野市）本文165ページ

力強くはばたく八咫烏の像
熊野本宮大社境内のポストにある（和歌山県田辺市）
本文170ページ

井氷鹿　井氷鹿が現れた井とされる地。岩屋などがある森で、採集生活をしていたことが窺える（奈良県川上村）本文175ページ

神籠石　イハレビコが軍事拠点に使ったと伝承される神籠石（奈良県桜井市）本文190ページ

橿原神宮　橿原の宮跡といわれる橿原神宮。イハレビコは初代天皇に即位し、ここからイスケヨリヒメのもとに通った（奈良県橿原市）本文198、212ページ

産経NF文庫
ノンフィクション

神武天皇はたしかに存在した

神話と伝承を訪ねて

産経新聞取材班

潮書房光人新社

昭和天皇は
なぜアジア・太平洋戦争を
とめられなかったのか

文芸研関西例会著

序章

日本の始まりは、神武天皇と東征と即位にある

平成二十八年の四月三日、奈良県橿原市の神武天皇陵で百年に一度という儀式が行われた。神武天皇二千六百年式年祭の山陵の儀である。皇室の公式行事だから、天皇陛下はモーニング、皇后さまはグレーのロングドレスという参拝服のお姿。陛下は墳丘前の祭壇に玉串を捧げて拝礼され、御霊への思いを表す「御告文《おつげぶみ》」を読み上げられた。

ご拝礼は、百年前の式年祭の前例にならって行われた。前回は大正五年で、拝礼されたのは大正天皇と貞明皇后だった。それを聞いただけで、今年（平成二十八年）が特別な年だと実感できる。

二千六百年式年祭とは、初代神武天皇が亡くなって文字通り、神になって二千六百年が経ったことを祝い、その事績に感謝する儀式である。古事記や日本書紀によれば、

天皇が即位したのは亡くなる七十六年前だから、天皇から始まる日本の歴史が始まって二千六百七十六年。それが平成二十八年ということだ。

◇日向から大和、十六年の長旅の足跡が各地に

この「日本の始まり」に至るまでの天皇の足跡は、記紀に書かれている。古事記では中巻《なかつまき》の冒頭の「神武天皇」の章。角川ソフィア文庫版の『新版古事記』では十三ページの分量である。四人兄弟の末子に生まれた天皇、当時はカムヤマトイハレビコノミコトが、日向・高千穂宮は日本を治めるにはふさわしくないと兄らと相談し、東征の旅に出て大和・白檮原宮《かしはらのみや》（橿原宮）に着くまでの出来事がそこに収まっている。歳月にして十六年という長旅だった。

この長旅があって初めて、天照大御神の孫のニニギノミコトを地上界での祖とする皇室は大和に至り、天皇と名乗って「天の下治《し》らしめしき」ことができたのである。東征は、皇室制度のある現代日本を生んだ偉業、そう言っても過言ではない。

その偉業の経由地を今、記者とカメラマンがたどり、当時の事情や苦労を追体験してみたのが、この本に収められた内容である。実際に歩いてみると、記紀に盛られて

いない伝承、歴史が無数にあることがすぐにわかった。

例えば天皇の誕生地である。宮崎県高原町の皇子原《おうじばる》、同県高千穂町の四皇子峰《しおうじがみね》、宮崎市の佐野原と、少なくとも三カ所はある。神武天皇の伝承地については、天皇の即位を紀元とする皇紀二千六百年、つまり昭和十五年に国の音頭取りで大々的な調査が行われている。

この誕生地決定には宮崎県の祝典奉賛委員会も迷ったらしく、三カ所とも「聖蹟伝承地」に指定している。それぞれの地元に主張があり、調査員が困ったという逸話も聞くことができた。当時の日本人がいかに皇室とのつながりをありがたいものと感じていたかがわかる。

結局、取材班は高原町の皇子原を取材対象に選んだ。近くに狭野《さの》神社があり、神武天皇が幼いころ、狭野尊《さののみこと》と名乗っていたからである。狭野とは文字通り、狭い土地のことである。神武天皇の東征は、天照大御神《あまてらすおおみかみ》から託された稲穂の普及を目的としたものだったから、その誕生地も稲作をしていたはずだ。稲作をする者の目で見れば、霧島連峰のふもとで火山灰が多い土地柄にわずかにあった水田適地はさぞかし、「狭い野」と映ったことだろう。それやこれやを考えての判断だった。

◇伝承の再現には地元の誇りも見える

出港の地・美々津《みみつ》（宮崎県日向市）も印象深い土地だった。ここでは今も「おきよ祭り」なるものがあり、午前四時すぎに子供たちが全戸の戸を「起きよ、起きよ」とたたいて回る。潮と風向きを見た神武天皇が急な出港を決め、家来たちを文字通り、たたき起こしてあわただしく船出した伝承を再現したものだ。

大役を終えた子供たちには「つき入れ団子」がふるまわれる。あんと餅が一緒になった団子で、村人たちが用意しようとしていたあん餅が、急な出港で間に合わず、本来は餅で包むあんまで一緒について食べさせた、という伝承に基づくものだ。

美々津の港には「日本海軍発祥之地」という大きな石碑が建つ。その横には旭日旗がひるがえっている。今も海上自衛隊などが使う旗である。日本国はこの地から始まったのだという地元の誇りが見えるようだった。

〈阿岐《あき》国の多祁理宮《たけりのみや》に七年坐《いま》す〉

古事記ではわずかにそう書かれるだけの安芸（広島県）にも、足跡を今に伝える伝承が数多く残っていた。たとえば多祁理宮跡と伝わる多家神社（広島県府中市）。境内はかつて、松がうっそうと茂り、「誰曽廼森《たれそのもり》」と呼ばれた。上陸した神武天皇が土地の者に、そなたは誰ぞ、と尋ねたことが由来だという。ここには水分峡《みくまりきょう》という豊富な湧水があり、その水源が天皇一行の七年もの滞在を可能にした、と地元の人たちは言う。

広島県呉市に残る伝承は、軍港としての発展の理由とつながるものだった。

〈高烏山にいる賊に、人々は恐れおののいていると耳にはさんだ天皇は賊の退治を決意した。天皇の船団の先に八咫烏が現れ、先導するように高烏山に舞い降りて羽を休めた。その姿の美しさに恐れを抱いた賊は、戦うことなく退散し、以後も近海には賊が出なかった〉

瀬戸内は藤原純友や村上水軍など、海賊が度々蟠踞《ばんきょ》した海である。その一部の呉で海賊被害が出なかったことを、地元の人たちはそんな伝承と共に誇りにしているのである。高烏山の麓の海には今、海上自衛隊の護衛艦が係留している。その姿越しに見える山に、そんな伝承に残っていることが、いかにも不思議な気がする。

◇初代天皇の伝承は現代も息づいている

神武天皇は存在しなかった――そんな見方も根強くある。

亀に乗って水先案内するサオネツヒコ、八咫烏、武神タケミカヅチノカミが高天原から与えた太刀など、東征には神話のような人や文物が数多く登場することも、存在否定の理由だ。また、子の二代綏靖《すいぜい》天皇から九代開化《かいか》天皇まで、古事記の記述が系譜についてだけにとどまり、具体的な事績を全く書いていないことから「欠史八代」と呼ばれ、実在を疑われていることも、神武天皇不在説の一因になっている。

さらには、神武天皇には存在を裏付ける発掘結果がない。このことも考古学者を中心に、存在に疑問を持たせる理由になっている。

しかし、である。伝承は東征ルートの、ほぼすべての地に残っている。そして、その多くは説話であったり、祭りであったりの形で、現代も息づいているのである。語り継がれるに足る見聞があったればこそ、これだけ「完全」な形で伝承となっているのではないか。

伝承は歴とした文化財である。それも生きた文化財であろう。これが一年間の取材の旅で取材班が得た認識・知識である。

◇神と人とのつなぎ目の最初に登場する天皇

古事記は上巻《かみつまき》、中巻、下巻《しもつまき》の三巻から成っている。上巻は天地創成からイザナキ、イザナミの国生み、神生み、イザナキの三貴子の誕生、天照大御神と須佐之男命《すさのおのみこと》の葛藤、須佐之男命のヤマタノオロチ退治、大国主命《おおくにぬしのみこと》の国造りと国譲り、ニニギノミコトに始まる日向三代までを書く。いわゆる神話は、この上巻に収められた話である。

中巻が書くのは初代神武天皇から十五代応神《おうじん》天皇までの治世、下巻が扱うのは十六代仁徳《にんとく》天皇から三十三代推古《すいこ》天皇までの世である。このため上巻は神話、中巻は神代から人代をつなぐ物語で、下巻から歴史書の性格が前面に出るといわれる。

つまり、神武天皇は、神と人とのつなぎ目の最初に登場する天皇であり、その記述に多少神がかった話が入っていてもそれほど不思議ではないのだ。

古事記は、四十代天武《てんむ》天皇が稗田阿礼《ひえだのあれ》、太安万侶《おおのやすまろ》に命じて編纂させた日本最古の書物である。その編纂目的は筆者の太安万侶が序文ではっきり書いている。

〈旧辞の誤り忤《たが》へるを惜しみ、先紀の謬《あやま》り錯《まじ》ふるを正さむ〉

豪族たちが勝手に伝え残す歴史を正して、正確な帝の歴史を残す、というのである。皇室のみが別格の神の家系であり、他の豪族がその地位を望まぬように書かせたのである。いわば権力者がその正統性を強調するために書かせたのだから、後世の官製歴史書と同様に皇室の都合の悪いことは省かれている。だから神武天皇の事績を信じない、という向きもある。そんな人にはぜひ、十一代垂仁《すいにん》天皇の章の「サホビコの反逆」を読んでほしい。

◇古事記編纂に権力者らしい注文をつけなかったのでは

サホビコは皇后、サホビメの兄で、垂仁天皇にとっては従弟にあたる人だ。そのサホビコがある日、サホビメのもとに来て、こう尋ねる。

「夫と兄と孰《いず》れか愛しき」

面と向かって言われたサホビメは、抗しきれずにこう答えた、と古事記は書く。

「兄を愛しきか」

ならば天皇を殺せ。そして二人で天下を治めようと言ったサホビコは小刀を渡す。サホビメはその小刀で、自分の膝枕で眠る天皇の首を刺そうとしたが、三度まで果たせず、ついには落涙する。その涙で異変を知った天皇はサホビメを問い詰め、陰謀を知る。

「吾はほとほと欺《あずむ》かえつるかも」

騙されていたことに激怒した天皇は軍勢を催し、サホビコ追討に向かう。それより早く、皇居を抜け出したサホビメは、サホビコの館に入った。

三年も愛した皇后がいるために、天皇は攻撃を命じることができず、にらみ合いが続く。そのうちサホビメは身ごもっていた天皇の子を出産。その子の引き取り交渉が行われる。

「其の御子を取らむ時に、其の母王を掠《かそ》ひ取れ。或いは髪、或いは手、取り獲むまにまに、つかみて控《ひ》き出でよ」

子供を受け取る兵士にそう命じたことを薄々想像できたサホビメは、剃った髪を頭に乗せ、腕の玉飾りの紐を腐らせ、着物も酒に漬けて腐食させて出てきた。子供を受け取った兵士がサホビメを引き出そうとしたが、つかみどころがなくて失敗した。

ここに及んで天皇は最後の直接交渉を妻とする。その会話は現代風にすると次のようなものだ。

「そもそも子供の名というものは母親がつけるものだ。なんと名づけたらよいのか」

「城を焼く炎の中で生まれたので、本牟智和気《ほむちわけ》としてください」

「いかにして養育したらよいのか」

「乳母を付け、産湯を使わせる者を定めて養育してください」

この会話は現代にも通じるものだ。天皇は、子供を可愛いと思うなら帰ってきてくれということを切実と説いているのである。いわば妻の母性に訴えているのだが、うまくいかないと気付くと最後の説得を試みる。

「汝《な》が堅めしみづの小佩《をひも》は誰か解かむ」

最後に夫婦の契りを交わした夜に、そなたが結んでくれた下帯の紐はこれから、誰に解いてもらえばいいのだろう――。つまり、私の女性は貴女以外にはいないのだという天皇の切実な叫びである。しかし、妻は全く取り合わない。二人の女性の名前を挙げ、淡々とこう答えるのである。

「この二《ふたはしら》の女王は、浄《きよ》き公民《おおみたから》。故使ひたまふべし」

この二人は心清らかな者どもですから、お近くにお召しあそばせばよろしいでしょう。妻に愛情が全くなくなっていたことを、これほど端的に、そして残酷に示す言葉もそれほどなかろう。天皇はついに諦め、総攻撃を命じた。サホビメは兄と運命を共にした。

「サホビコの反逆」は皇室にとって、後世に残したいものでは決してあるまい。それを会話文に至るまで、ここまで克明に記させているのだから、天武天皇は古事記編纂にあたって、権力者らしい注文はつけなかったのではないかと思う。稗田阿礼も太安万侶も自由闊達に筆を進めたのではないか。筆者はそう想像するし、そこに書かれた神武天皇の記述も相当に、事実だったのではないかと考える所以である。

垂仁天皇のその後については、日本書紀に詳しい。娘のヤマトヒメを呼び、宮中にある鏡を清浄な場所に安置するよう命じたのである。鏡は天皇が所持する三種の神器の中でも別格のものである。

三種の神器は、天照大御神が地上界に降臨する孫のニニギノミコトに託したことが起源だが、鏡だけが「私と思って仕えよ」と命じたものだからである。その鏡を託す際、天皇はヤマトヒメにこう言った。

「宮中は様々な思惑の渦巻くところだから、貴い鏡を置いていれば穢れてしまう」

思惑とは、古事記を読んだ者なら、サホビコの反逆を指すことにピンと来る。ヤマトヒメは鏡と共に大和・巻向の宮を出て北上して近江、美濃と進み、南下して伊勢の地に来た時に鏡自身がこう言った、と書紀は書く。

「ここは常世の波の打ち寄せる美《うま》し国なので、私はこの地にいたいと思う」

◇天皇を中心にした日本の歴史を実感する首相参拝

伊勢神宮の起源を伝える記述である。この伊勢神宮を平成二十八年、G7（主要七か国）の首脳たちが訪れた。「最も日本らしく美しい所で」と開催場所が決まった伊勢志摩サミットの歓迎行事としてである。神宮・内宮に通じる宇治橋を、安倍晋三首相がオバマ米大統領と肩を並べて歩く姿は、被爆地・広島を訪問したオバマ大統領の姿とともに、印象深いものだった。

伊勢神宮は日本の最高神であり、皇祖神を祭る社である。日本の首相は毎年年頭、この社を参拝する。今年も一年、国のかじ取りをお預かりしますという報告の意味合いのある参拝である。天皇を中心にした日本の歴史を実感する行事でもある。

この現代日本の始まりは、神武天皇と東征と即位にある。この本が追った神武天皇の足跡・事績で、その認識が深まれば、取材班として大きな喜びである。

安本寿久（産経新聞編集委員）

神武天皇はたしかに存在した——目次

第三章

御船出

住民の窮状を聞き
稲作を広め
道々で協力者を得ていく

第四章

海道回顧【上】

海道を整備しつつ
出雲勢力をも意識
中国山地に遠征も

第五章

海道回顧【下】

経済力と軍備を備え
満を持して
正念場、畿内へ

第六章

浪速の海

生駒越えで初めての敗退
長兄を失い、失意のなか
南に迂回する

第七章
紀和の道
――天つ神の御子として八咫烏に導かれて熊野の山を越えていく

第八章
大和平定
――地元の抵抗勢力さらに宿敵を破り美地・大和で初代天皇に

第九章 立后と崩御

初代皇后は
出雲の神に愛された娘
国造りも順調に

第十章 多(当)芸志美美命の変

異母兄の野望を
打ち砕いた
二代天皇の勇気と徳

狭野神社に伝わる神武天皇の画（宮崎県高原町）本文 34 ページ

神武天皇はたしかに存在した

——神話と伝承を訪ねて

第一章

イハレビコ誕生

大和に向かうまで
四十五年間を過ごした
日向伝承の数々

1 文明伝播
国を豊かにする旅

宮崎市の高台、平和台公園に「平和の塔」が建っている。神事で用いる御幣の形に模して石柱を連ね、高さ三六・四メートル。昭和十五年、皇紀二六〇〇年を記念して建てられ、十銭紙幣に描かれるほど親しまれた。

戦前は名称も異なった。「八紘之基柱《あめつちのもとはしら》」。カムヤマトイハレビコノミコト、後の初代神武天皇が日向から東征し、大和に橿原宮《かしはらのみや》を造営した際の言葉が基になっている。

「六合《りくがふ》を兼ねて都を開き、八紘《はちくわう》を掩《おほ》ひて宇《いへ》と為《な》さむこと、亦可《またよ》からずや」

日本書紀にそうある。四方の国々を統合して都を開き、天下を覆ってわが家とすることははなはだ、良いことではないか、という国造り宣言である。

この故事に基づいて、塔の四隅には神武の四面性を示す像が配された。荒御魂《あらみたま》（武人）、和御魂《にぎみたま》（商工人）、幸御魂《さちみたま》（農耕人）、奇御魂《くしみたま》（漁人）である。このうち荒御魂

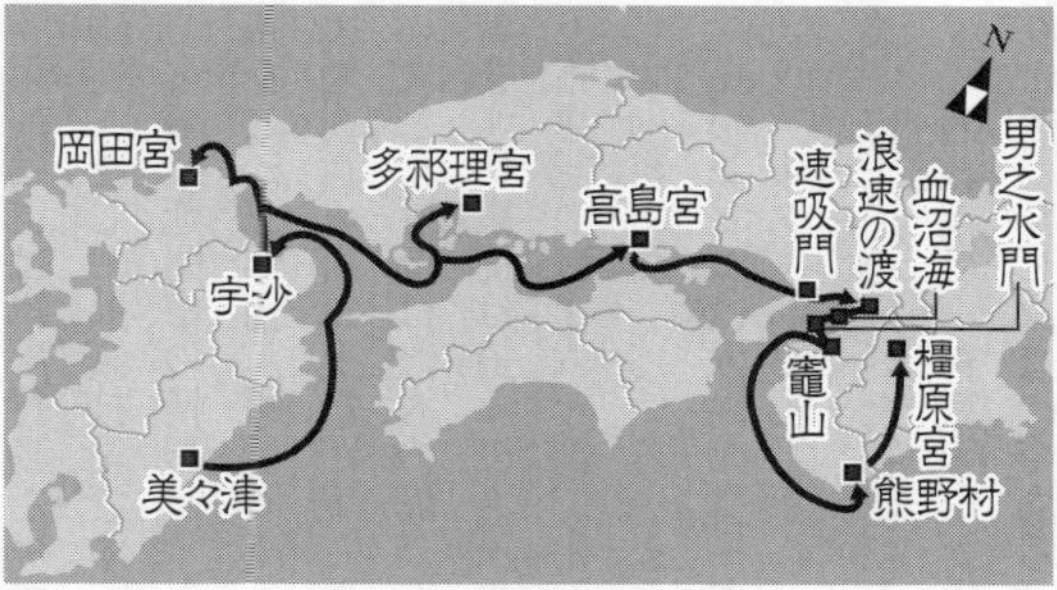

古事記における東征ルートと表記

像は終戦で削り取られた。軍国主義を憎んだＧＨＱ（連合国軍総司令部）の指示だった。

荒御魂像は昭和三十七年、市民らの要望で復活した。ただ、大切な故事が抜けていた。像が持つ楯に描かれていた八咫烏《やあたがらす》が、鳥とも鶏とも見える不思議な絵に変わっていたのである。

「三本足ではないので、八咫烏ではないことは間違いない。復元に当たった職人が、東征の故事を知らなかったためのミスです」

塔の案内をする宮崎市神話・観光ガイドボランティア協議会副会長の湯川英男氏はそう話す。八咫烏は、イハレビコを熊野から吉野まで導いた高天原《たかまがはら》の使いで、今でも日本サッカー協会のシンボルになっている。この故事さえ知らない日本人が増えたことを、新たな像は示している。

「東征は実は軍事行動だけではなく、三つの文明・文化を伝播《でんぱ》する旅でした。稲作と鉄器、そして灌漑《かんがい》技術です」

宮崎県延岡市の情報サイト「パワナビ」の黒田健編集長はそう話す。黒田氏は宮崎市などが三年前、東征ルートをたどるキャンペーンを計画した際、イハレビコゆかりの地二百カ所以上を踏査した。

「たとえば今は無人の島の海岸近くに井戸を掘ったりしていて、その技術の高さに驚きます。東征は道々の人々の生活を変えていく旅だったと思います」

古事記では十六年間、書紀では六年間かかったとされる東征は、建国神話にふさわしい内容になっている。そう指摘するのは立正大の三浦佑之教授である。

「イハレビコは太陽の御子だが、苦難の旅を続け、各地の民と葛藤しながら、成長しながら国の中心部を目指す。敵対者が現れた時には援助者が現れ、道を開いてくれる。まさに王道を描いた物語だと思います」

三浦教授は、神武天皇誕生で日本の神話は完結すると読む。神代と人代をつなぐ存在がイハレビコなのである。

「現存する神武の絵姿を見ると、明治天皇に似ているものが多い。明治維新の近代国家造りが、建国の神話と重ねやすかったためでしょう」

近代日本のスローガンは富国強兵、殖産興業。この文言は、「平和の塔」の四魂《しこん》像と全く同じバランスで構成されている。商工人、農耕人、漁人がいて武人がいる。四分の三は国民を豊かにする人、する言葉なのである。

神武の国造りの精神は現代にも通じる。戦後七十年。忘れられた東征の物語を追ってゆく。

交声曲「海道東征」

詩人・北原白秋が記紀の記述を基に作詩し、日本洋楽の礎を作った信時潔《のぶときよし》が作曲した日本初の本格的なカンタータ（交声曲）。国生み神話から神武東征までを八章で描いている。

皇紀二六〇〇年奉祝事業のために書かれ、戦前は全国で上演されて人気を集めたが、戦後はほとんど上演されなくなった。平成二十六年の建国記念の日、白秋の生誕地・熊本で復活上演され、話題になった。

白秋の詩は、記紀の古代歌謡や万葉集の様式を模して懐古的な味わいがあり、信時の曲は簡潔にして雄大と評される。（歌詞は二八八ページに掲載）

2 生まれながら聡明、意志固く

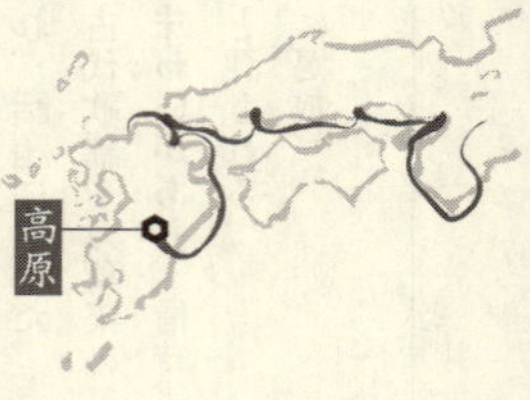

〈神日本磐余彦天皇《かむやまといはれびこのすめらみこと》、諱《ただのみな》は彦火火出見《ひこほほでみ》、彦波瀲武鸕鷀草葺不合尊《ひこなぎさたけうがやふきあえずのみこと》の四子なり。母は玉依姫《たまよりびめ》と曰《まを》し、海童《わたつみ》の少女《おとむすめ》なり〉

カムヤマトイハレビコノミコトの出自を日本書紀はこう記す。父は天孫ニニギノミコトの孫、ウガヤフキアエズノミコト。母はワタツミノカミの娘、タマヨリビメ。夫婦の第四子を書紀はこう褒める。

〈天皇生れながらにして明達《さか》しく、意かたくまします（聡明《そうめい》で確固たる意志を持っていた）〉

ニニギの降臨地は、筑紫の日向の高千穂。諸説あるが、後の日向国とするのが通説で、イハレビコもまた、大和に向かうまでの四十五年間、日向に住んでいたことが記紀の記述から推測される。自然、宮崎県内にはイハレビコの伝承地が多いが、生誕伝説は各地に残っている。

〈ようこそ神武の里たかはるへ〉

霧島山を境に鹿児島県と接している宮崎県高原町《たかはる》に入ると、こうした看板が目に入る。同町はイハレビコにまつわる伝承地が多く残り、生誕地「皇子原《おうじばる》」もその一つ。繰り返される火山の噴火で史料は焼失しているものの、口伝として残されてきたという。

「古来、皇位を継ぐ者の幼少名に生まれた地名をつけることがよくある。ここに残る狭野《さの》という地名がまさに、それに当たると思うのです」

同町まちづくり推進課の大学康宏氏は、皇子原近くに狭野神社があり、イハレビコが幼少名「狭野尊《さののみこと》」を名乗っていたことから、そう話す。

同じく生誕伝承がある宮崎県高千穂町の「四皇《しおう》子峰《じがみね》」や宮崎市の「佐野原」よりも生誕地の可

能性が高いという主張である。皇子原が、天孫降臨の地とされる高千穂峰の麓に位置していることも生誕地伝承に説得力を持たせる。

「高千穂は皇室の御本元。ウガヤフキアエズとタマヨリビメは、ニニギノミコトが地上に降臨した高千穂峰の麓に帰り、出産したということでしょう」

同神社の松坂督亮《よしあき》宮司はそう推測する。

高原町内には、イハレビコの幼少期の足跡も数多く残る。皇子原公園内の皇子原神社に祭られる石「産場石《うべし》」は、イハレビコが産湯をつかった場所とされる。湯之元川の「血捨之木《ちしゃのき》」は出産したタマヨリビメが諸物を洗い清めた場所と伝わる。皇子原神社に続く石段横には、イハレビコが腰掛けた「御腰掛石《おこしかけいし》」が碑と共に残っている。

こうした伝承地は平成二十六年の建国記念の日、にぎわいを取り戻した。古事記編纂《へんさん》一三〇〇年を機に神話に注目が集まり、同町観光協会主催の「第一回日本発祥地まつり」が開催されたためだ。

古代衣装を着て練り歩くご神幸行列では長年、神社に眠っていた御輿《みこし》も登場し、約二千人の参加者を集めた。同協会事務局長の福留宜文氏が言う。

「高原が日本国の始まりだったという認識、忘れられていた誇りが再び、芽生えてきたようです」

聖蹟伝承地

　神武天皇の伝承地を示す碑の多くは昭和十五年の皇紀二六〇〇年までに建てられた。宮崎県では二〇一二年、結成された祝典奉賛委員会が各地の伝承地を調査、十四カ所を聖蹟伝承地と定めた。

　その後、伝承地のほかに陵墓参考地なども顕彰することとなり、各地で土地の買収や神社、標柱の建設などが行われ、顕彰された。高原町の「皇子原」、高千穂町の「四皇子峰」、宮崎市の「佐野原」はすべて顕彰の対象になった。

　二〇一五年には橿原神宮《かしはらじんぐう》境域と畝傍《うねび》山《やま》東北陵参道、宮崎神宮境域の拡張整備なども完了した。

3 幼い心に映る「水穂」の原風景

〈年《みとし》十五にして、立ちて太子《ひつぎのみこ》と為《な》りたまふ〉

生まれながらにして明達《さか》しく、意かたく……とカムヤマトイハレビコノミコトの資質を書く日本書紀はすぐに、十五歳以後の様子に筆を移す。古事記はいきなり、イハレビコが兄たちと東征の謀《はかりごと》を行うくだりを記す。つまり記紀は、イハレビコの幼少時に全く触れていないのだ。

〈狭野《さの》一帯の山野を駆けめぐって遊ばれたと伝えられる〉

イハレビコ生誕地の有力候補、宮崎県高原《たかはる》町の皇子原《おうじばる》神社の前にある碑「神話史跡」にはそう記されている。イハレビコの幼名、狭野尊《さののみこと》の由来とされる狭野神社の伝承では、イハレビコは十五歳まで、高千穂峰東麓のこの地で過ごした。

霧島火山帯最大の火口湖「御池《みいけ》」にもイハレビコゆかりの「皇子港《みなと》」という伝承地

があり、イハレビコが泳いで遊んだと伝えられる。

この地からは高千穂峰が正面に望める。御池は今、百三十種類の野鳥が生息するバードウオッチングの聖地。同町に残る伝承は、豊かな自然の中で伸び伸びと育ったイハレビコの幼少期を想像させる。

「豊葦原《とよあしはら》の千秋《ちあき》の長五百秋《ながいほあき》の水穂国《みずほのくに》は我が御子の知らす国」

古事記では、天照大御神《あまてらすおおみかみ》がこう言ってオオクニヌシノミコトに国譲りさせ、孫ニニギノミコトを高千穂峰に天下らせた。

ここに語られる国は、永遠にみずみずしい稲穂の実る国という意味の最大の美称である。シラス台地が広がる霧島周辺は広大な水田には適していないが、狭野神社の松坂督亮宮司はこう話す。

「宮崎平野を潤す大淀川の源流で水が豊富な狭

野一帯では稲作が可能でした。狭野という地名は、稲作ができる貴重な土地という意味。狭野尊は水のある地を探して田を作ったと想像できます」

狭野一帯を稲作先進地と考える考古学的な根拠もある。稲作はもともと、中国の長江流域で発生し、北九州に最初に伝来したとされてきたが、宮崎県の都城市やえびの市など高原町周辺の遺跡で近年、稲を収穫するための石包丁や土器にこびりついた籾殻、国内最古級の水田跡など、初期稲作の痕跡が次々と発見されたのだ。

宮崎県埋蔵文化財センター元所長の北郷泰道氏はこう指摘する。

「朝鮮半島や南西諸島とも交流があった南九州は、北九州とは別ルートで稲作が伝来した可能性があります」

皇子原の「神話史跡」の碑には続きがある。

〈やがて成人になられ、高千穂峰を仰ぎつつ将来の国造りの構想を練り、郷土高原を出発した〉

高原町内には構想を練ったという伝承地「宮の宇都《うと》」もある。父、ウガヤフキアエズノミコトの皇居と伝わる。

「稲作を広めることを話し合ったのでしょう。稲作が普及することで日本は豊かな水穂国となった」

松坂宮司は、種籾を手に高原を後にするイハレビコの姿を想像している。

稲作普及伝承

考古学では、初代神武天皇は実在が証明されていない。二十一代雄略天皇の臣下八代の系譜が刻まれた稲荷山《いなりやま》古墳（埼玉県行田市）出土の鉄剣などから、実在が認められる最も古い天皇は十代崇神天皇で、古墳時代初期と考えられる。

神武天皇が稲作を広めたとする伝承は、水田農耕の始まりを想起させる。稲が日本に伝来したのは縄文時代だが、当初は陸稲。

水田農耕は弥生時代前期に九州から西日本に波及し、生産性が飛躍的に向上した。この時期に稲作技術を広めた人物がいたことは、歴史的に間違いない。

4 愛馬伝承が語る古人の息吹

〈狭野尊《さののみこと》、宮崎へ向ハセラル時、土民ノ奉献セシ馬ニ召サセ給ヒシ地ナリ……〉

宮崎自動車道高原《たかはる》ＩＣに近い宮崎県高原町の「馬登《まのぼり》」。この地にはカムヤマトイハレビコノミコト（神武天皇）が長じて東に向かった際、住民たちに見送られた伝承が残っている。その時、イハレビコは馬上だった。今も残る石碑の文言は、この経緯を語るものである。

馬登から少し東の「鳥井原《ばる》」は、住民たちが去りゆくイハレビコを見送った場所とされる。

〈最後の別れを惜しむ住民たちが、ミコトの行路の安全を祈りながら見送ったところ〉

同県の観光パンフレット『ひむか神話街道』にそう書かれている。二カ所は、住民

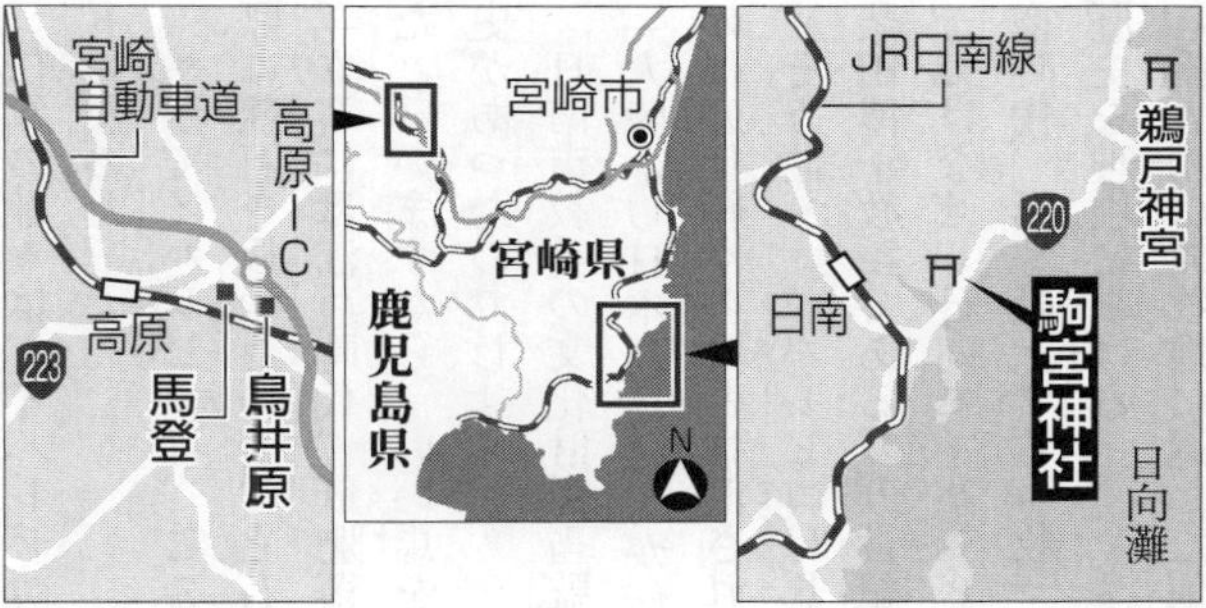

に慕われるほど成長したイハレビコの姿を想像させる土地である。

イハレビコの父、ウガヤフキアエズノミコトの生誕地とされる鵜戸《うど》神宮（同県日南市）から南へ約一〇キロ。駒宮《こまみや》神社はイハレビコを主祭神とし、同県の結婚風習「日向シャンシャン馬」の発祥地とされる。この伝承にも、イハレビコと愛馬の物語が語られている。

〈駒宮アリ、神武天皇ガ舟釣リヲサレシ折、龍神カラ賜ッタ龍石トイフ龍馬ヲ祀ル〉（日向国神祇史料）

イハレビコは龍石にまたがり、父の元に通った。同神社の近くには、龍石をつないだ松の跡や、龍石の足跡が残る駒形石が現存している。同神社は、イハレビコがアヒラツヒメを妻に迎えて住んだ宮跡とされる。

伝承の数々は、イハレビコが妻帯独立後も父に孝養を尽くしたことをうかがわせるものなのだ。

やがてイハレビコは、この地も去って北上する。同神社から約四キロ北には、その際に龍石を放った場所、立石がある。

「立石には江戸時代、飫肥《おび》藩の牧場があり、九州各地から飫肥の馬を求めてやって来たといいますから、いい馬を育てていたのでしょう。それだけ、この地での飼育の歴史があったのでしょう」

日南市教委の文化財担当監、岡本武憲氏はそう話す。

「大陸から日本列島に馬が伝わったのは四世紀の終わりごろ。日向で馬が飼われたのは五世紀ぐらいと推測されます」

そう語り、イハレビコは馬に乗ることがなかったと指摘するのは宮崎産業経営大の柴田博子教授である。五世紀は古墳時代中期。十六代の仁徳天皇らが活躍した時代だ。

ではなぜ、日向にイハレビコと馬を結びつける伝承が多いのか。柴田教授は大和政権時代、馬を献上する「牧」が数多く存在し、江戸時代も各藩が競って馬を飼育した歴史を理由に挙げる。

「南九州は放牧地に適した地が多く、馬が身近な存在でした。また、馬は権威の象徴ですから、後世の人間が神武天皇と結びつけ、語り継いだのでしょう」

イハレビコの伝承は、その地の歴史や人々の思いを伝えるものでもあるのだ。

日向シャンシャン馬

宮崎県内で大正の初めごろまで行われていた結婚風習。イハレビコが龍石を放った故事が起源とされる。立石は日本最古の牧場といわれる。

花婿が、美しく飾った馬に花嫁を乗せ、手綱を取って日南海岸沿いの七浦七峠を越え、鵜戸神宮や駒宮神社へ参拝した。道中、馬につけた鈴がシャンシャンと鳴り続けたことから、この名がついた。

当時、同神社の例祭には、近郷近在から着飾った農耕馬が集まり、にぎわった。現在、民謡「シャンシャン馬道中唄」の大会が行われ、名残をとどめている。

5 建国の大業祈り身を引いた妻

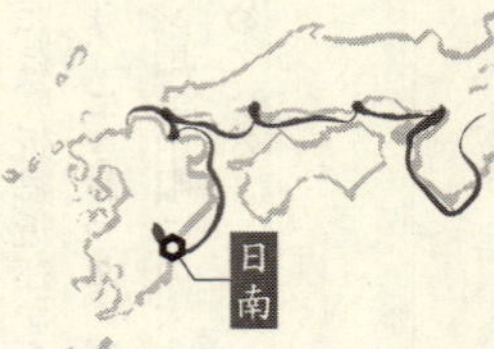

カムヤマトイハレビコノミコト（神武天皇）の幼少期や青年期を全く書かない古事記が唯一、東征前のことで触れているのは結婚のことである。

〈日向《ひむか》に坐《いま》しし時に、阿多《あた》の小椅君《をばしのきみ》が妹《いも》、名は阿比良比売《あひらひめ》に娶《あ》ひて、生みたまへる子多芸志美美命《たぎしみみのみこと》、次岐須美美命《きすみみのみこと》、二柱《ふたはしら》坐《いま》す〉

日本書紀はこう書く。

〈長《ひととな》りて日向国《ひむかのくに》の吾田邑《あたのむら》の吾平津媛《あひらつひめ》を娶《めと》りて妃《みめ》とし、手研耳尊《たぎしみみのみこと》を生みたまふ〉

子供の数が違うが、妻がアタ出身のアヒラ（ツ）ヒメであることに、記紀の記述に違いはない。書紀は日向国と書いているが、薩摩半島にはかつて阿多郡という地があり、アタはそこと考える説が有力である。

アタは天孫ニニギノミコト、つまりイハレビコの曽祖父が、よい国を求めてたどり着いた場所としても登場する。書紀はその場所を〈吾田の長屋の笠狭碕《かささのみさき》〉と書く。そこで出会い、結婚したのがコノハナノサクヤヒメ。イハレビコは曽祖父と同じ地のヒメを娶《めと》ったことが、記紀からわかる。

「アタがあった薩摩半島西部は、貝輪《かいわ》交易の拠点という特別な役割がありました」

そう話すのは鹿児島国際大の中園聡教授である。

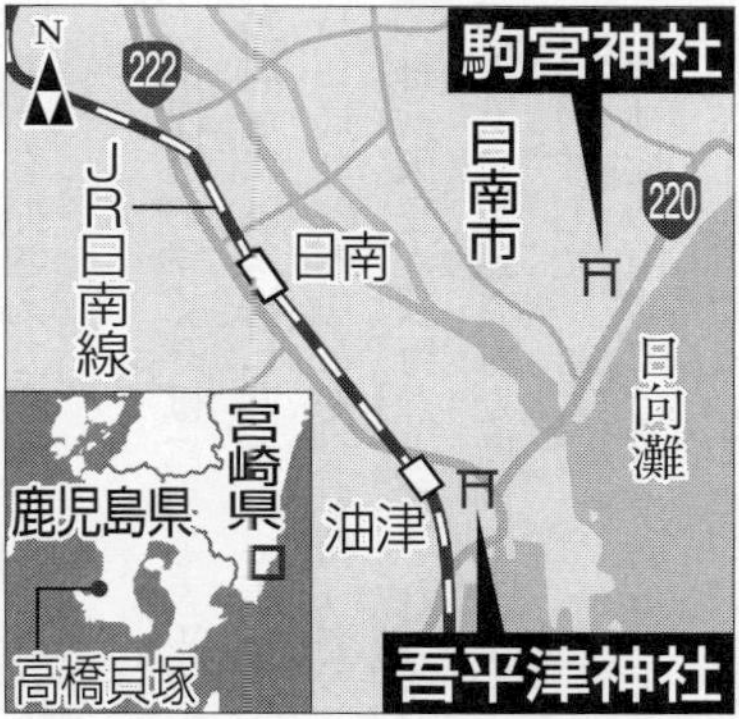

貝輪とは、ゴボウラやイモガイといった沖縄周辺産の大型の貝からつくる腕輪で、弥生時代の権威を象徴する。同半島西岸の高橋貝塚（鹿児島県南さつま市）で盛んに製造されたことが発掘調査でわかっている。

貝輪は弥生時代、九州北部や瀬戸内東部にまで流通した。イハレビコがアヒラツヒメと暮らした宮跡、駒宮神社（宮崎県日南市）は良港、油津港にほど近い。

記紀の記述や資料から想像できるのは、「貝の道」を押さえて交易をする為政者、イハレビコの姿である。

油津港のすぐそばにある吾平津《あひらつ》神社は、アヒラツヒメが主祭神。堀川運河に面する鳥居前には、海に向かって手を合わせるアヒラツヒメの像が立っている。東征するイハレビコの成功と安全を願う姿を表現したものだ。

〈神武天皇が狭野尊《さののみこと》と称され、まだ日向に在られた頃の妃であり……天皇が皇子や群臣と共に東遷された時同行せず、当地に残られ、御東遷の御成功と道中の安全をお祈りされました〉

同神社の由緒にはそうある。古事記は、妻を日向に残して東征を果たし、橿原宮で天皇に即位したイハレビコについてこう書く。

〈然《しか》あれども更に、大后《おほきさき》と為《せ》む美人《をとめ》を求ぎたまふ〉

妻がいて二人の子がいるのにまた、皇后となさる乙女をお求めになった、というのだ。皇后になったのは大和・三輪山の神、大物主神《おおものぬしのかみ》の娘だった。大物主はオオクニヌシノミコトの分身ともされる実力者である。

「ご祭神は明治まで乙姫大明神と称していました。甲に対する乙。アヒラツヒメは大和に行っても正室になれないと見越して身を引かれたのだと思います」

同神社の日高久光宮司はそう話す。建国の偉業を支えた女性の物語もしっかり記紀は記録しているのである。

日向三代の妻たち

ニニギノミコトからヤマサチビコ、ウガヤフキアエズノミコトというイハレビコの曽祖父から父までを日向三代という。それぞれの妻が凜《りん》として気丈な女性であったことが共通点だ。

ニニギの妻、コノハナノサクヤヒメは夫に、胎児の父を疑われ、火中出産して潔白を証明した。ヤマサチビコの妻、トヨタマビメは出産の姿を見ない約束を破った夫に悲しみ、海の国へ帰った。ウガヤフキアエズの妻、タマヨリビメは、残してきた子を案ずる姉、トヨタマビメの願いでウガヤフキアエズを育て、やがて結ばれてイハレビコら四子を産んだ。

神武天皇の系図

（表記は記紀を中心にしています）

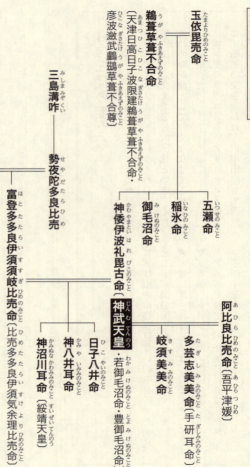

玉依毘売命《たまよりひめのみこと》

鵜葺草葺不合命《うがやふきあえずのみこと》（天津日高日子波限建鵜葺草葺不合命《あまつひこひこなぎさたけうがやふきあえずのみこと》・彦波瀲武鸕鷀草葺不合尊《ひこなぎさたけうがやふきあえずのみこと》）

五瀬命《いつせのみこと》

稲氷命《いなひのみこと》

御毛沼命《みけぬのみこと》

神倭伊波礼毘古命《かむやまといはれびこのみこと》（神武天皇《じんむてんのう》・若御毛沼命《わかみけぬのみこと》・豊御毛沼命《とよみけぬのみこと》）

阿比良比売命《あひらひめのみこと》（吾平津媛《あひらつひめ》）

多芸志美美命《たぎしみみのみこと》（手研耳命《たぎしみみのみこと》）

岐須美美命《きすみみのみこと》

三島溝咋《みしまみぞくい》

勢夜陀多良比売《せやだたらひめ》

大物主神《おおものぬしのかみ》

富登多多良伊須須岐比売命《ほとたたらいすすぎひめのみこと》（比売多多良伊須気余理比売命《ひめたたらいすけよりひめのみこと》）

日子八井命《ひこやいのみこと》

神八井耳命《かみやいみみのみこと》

神沼川耳命《かみぬなかわみみのみこと》（綏靖天皇《すいぜいてんのう》）

第二章

大和思慕

国造りの思いを胸に
遠く大和を目指して
船旅が始まった

1 地名が語り継ぐ「皇居」の存在

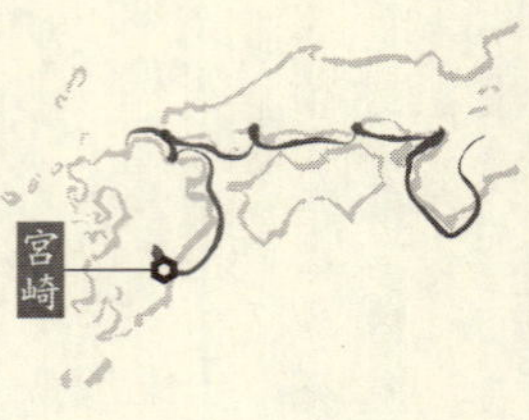

カムヤマトイハレビコノミコト（神武天皇）を祭る宮崎神宮（宮崎市）から西北に約六〇〇メートル。小高い丘にある同神宮の摂社、皇宮神社はイハレビコの皇居跡とされる神社である。地元では「皇宮屋《こぐや》」と呼ばれ、イハレビコは十五歳で太子《ひつぎのみこ》、つまり皇太子になると、この地に移り、四十五歳で東征を始めるまで、ここに住んだと伝わる。

「皇軍発祥の地」の石碑が立つ境内からは、天候がよければ天孫降臨の地、高千穂峰を望め、丘の下には大淀川が縫う市街地が広がる。大淀川は宮崎平野を潤す大河。同神社の由緒はこう書く。

〈実に皇居跡に相応《ふさわ》しい聖地〉

また、同神宮の黒岩昭彦権宮司はこう話す。

「付近には古墳も多く、古代から集落ができていたことがわかります。稲作に適した土地で、大農園をつくれたことが、ここに皇居を構えられた理由でしょう」

古事記の記述によると、皇宮屋でイハレビコは三十年間、政《まつりごと》を行った。その内容を伝えるものは残っていないが、皇居があったことを端的に示すのは「宮崎」という地名である。

「宮の崎とは、宮殿の前とか宮の前とかを示す名前で、平安時代の古文書には『宮崎の郡《こおり》』という表現が頻繁に出てくる。古代にはすでに、重要拠点としての認識があった土地だったことは間違いありません」

宮崎県立看護大の大舘真晴准教授はそう話す。大舘氏はさらに、地名起源の視点からイハレビコの存在感の大きさを指摘する。

「日本には、神様や古人がその土地に関係深いことを地名起源にする場所が多い。神様が産湯を使った、井戸を開いた、お座りになったといった故事を地名の由来とするもので、九州では神武天皇と景行天皇にまつわるものが非常に多い」

十二代景行天皇はヤマトタケルノミコトの父で、自らも七年間、九州平定のために西下した、と日本書紀が書く天皇である。「こうした地名起源がブームになったのは、朝廷が全国に風土記の編纂《へんさん》を命じた奈良時代」と大館氏は言う。

古事記が編纂されたのとほぼ同時期で、当時の九州の知識層にはすでに、神武天皇が権威ある存在として認識されていたことがわかる。

「何《いず》れの地に坐《ところ》さば《いま》、天の下の政を平らけく聞こし看《め》さむ。なほ東に行かむと思ふ」

古事記中巻はイハレビコが高千穂宮で兄に、こう相談する場面から始まる。どの地をよりどころとすれば、天下の政治を無事に行えるか悩み、もっと東に行きたいと決意を打ち明けるのだ。

かくして日向をたった、と古事記は書く。神武東征の始まりである。

「米は多くの人口を支える食物。それをつくる稲作は人々の協力なくしては行えない。稲作を普及させてムラ社会を完成させたイハレビコは、その過程で政治や軍事の知識も重ねた。そのことが東征を決意させたのではないでしょうか」
黒岩氏はそう推測する。

貝輪交易で力蓄え

天孫ニニギノミコトの曽孫、カムヤマトイハレビコノミコトは筑紫の日向の高千穂で生まれた。その伝承地は数カ所あるが、最有力候補は日向（現在の宮崎県）西部の皇子原（現在の高原町）。

やがて種籾《たねもみ》を持って海岸部に本拠地を移し、日向南部で愛馬伝承や鵜戸神宮に祭られる父、ウガヤフキアエズノミコトへの孝養伝承などを残す。

最初の妻、アヒラツヒメとの結婚もこのころ。薩摩半島との関係が深いヒメとの結婚は貝輪《かいわ》（大型の貝からつくる腕輪）の交易で勢力を蓄えた可能性を示唆する。

イハレビコはこの結婚で古事記では二子、日本書紀では一子を得たとされる。

2 真清水に重なる中庸な御心

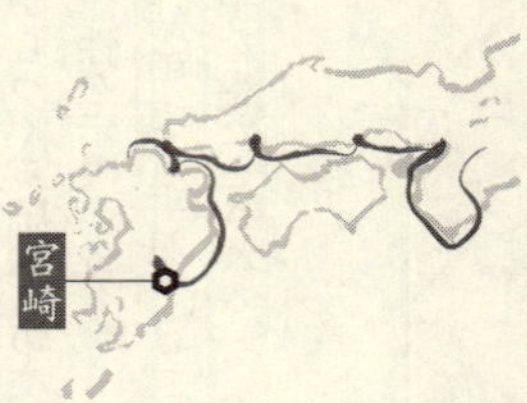

「ここは台地ですが、湧き水が豊富で農業用水に困ったことがない。だから座論梅《ざろんばい》もあれだけ立派に育ったのでしょう」

湯之宮神社（宮崎県新富町）の副総代、関浩志氏が話す座論梅とは、高千穂宮を出発したカムヤマトイハレビコノミコト（神武天皇）が、最初の軍議を開いたとされる地に咲く白梅のことである。

名前の由来は江戸期、佐土原藩と高鍋藩がこの梅林の所有を争い、座して議論をしたこととされる。

しかし地元では、イハレビコの残した梅林として有名だ。梅林の説明板にはこう書かれている。

〈神武天皇が行幸し、湯あみして梅の枝をついたところ、座論梅ができたという言い

伝えが記録されています〉

梅林は元は一株だった。そこから枝を地面に着け、根と新芽を出して株が増えた。現在は八十株。その生命力への驚きが、伝承につながっている。

県道をはさんで座論梅に隣接する同神社には、イハレビコが湯あみをしたと伝わる御浴場之跡がある。今は清水が湧くだけだが、透明度が高く、見るからに清らかだ。

「近くには湯風呂という地名も残っているから、昔は湯が沸いていたのでしょうし、イハレビコは身を清めるために漬かられたのでしょう」

そう話す同神社の本部雅裕宮司は、イハレビコが高千穂宮をたって最初の宿泊地にこの地を選んだ理由をこう推測する。

「山懐にありながら、穏やかな道が続く。江戸時代には大名行列の往来にも使われた道ですから、東征は中庸の気持ちで始められたのではないかと思います」

同神社から海岸線に向けて約一〇キロ進むと、イハレビコが国土平定を祈願した地とされる鵜戸神社（同県高鍋町）がある。

ここは一転して、日向灘を目の前に見る海辺の神社だ。永友宗範宮司が言う。

「船出の場所を探してこの地に来られたのだと思います。ただし、ここは入り江がなく、浅瀬が続く海。現代風に言うと離岸流が激しく、航海するには適さない。それでさらに北上されたのではないでしょうか」

海への見通しが利くということで、境内には戦時中、日本軍の砲台が築かれていた。そのために敵機の攻撃を受け、昭和十五年に設置された巡幸伝説地石碑が二つに折れ、字句の一部しか読めないままになっている。

「折れた上部は八年前まで土に埋もれたままだったが、見つけて掘り返した。あとは何とか復元しようと思っています」と永友氏。

そう考えるのは日本書紀が〈年四十五歳に及《いた》りて〉と書く旅立ちに尊崇の念を持つからだという。

「温暖な日向から遠く大和を目指したイハレビコの生涯を見ると、好奇心旺盛で腰軽く、意志が強かった人だと思います。もちろん見識もある。世の中を変える人とはこういうものだというお手本のように思っているんです」

「生命再生」の湯

古事記にこそないが、日本書紀や風土記には有馬や玉造、道後などの温泉の名が記され、天皇が湯治した記録もある。

九二七年にまとめられた神社一覧『延喜式神名帳』には、温泉の神を祭る神社が国内に八社あることが書かれ、温泉が生命再生の場として定着していたことがうかがえる。

イハレビコの湯あみ伝承は、水に漬かって体を清める禊《みそぎ》を連想させる。禊は、黄泉《よみ》の国から帰ったイザナキノミコトが、身についた穢《けが》れを清めるために日向の橘の小戸《おど》の阿波岐原《あはきはら》で行い、天照大御神《あまてらすおおみかみ》ら三貴子を得たことが起源とされる。

3 武備の背景に「和合の精神」

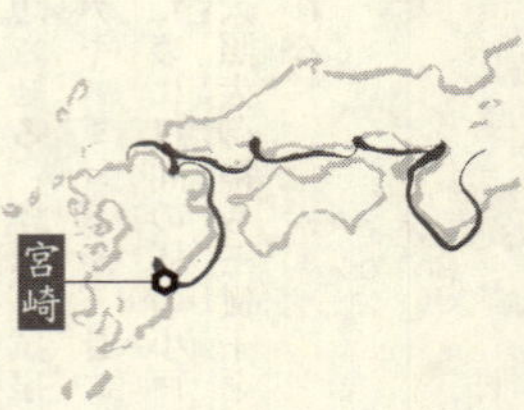

高千穂宮を出て日向を北上するカムヤマトイハレビコノミコト（神武天皇）が矢を研《と》いで船出に備えた――。そんな伝承が残るのが宮崎県都農《つの》町の矢研《やとぎ》の滝である。

「日本で唯一、瀑布《ばくふ》群が名勝指定されている尾鈴瀑布群の中でも、水量と景観が素晴らしく、日本の滝百選に選ばれています」

同町観光協会事務局長の猪股利康氏がそう語る滝は、岩盤が露出した暗く、狭い山道を歩いた先の深い谷にある。ぱっと広がる陽光が水の流れを輝かせ、神々しく見せる。

「周辺には矢の材料になる矢竹も茂っています。軍備を整えた様子が想像できる場所でもあります」

尾鈴山（標高一四〇五メートル）東麓の丘陵地帯にある同町は、人口約一万人の小さな町だが、山と海の距離が近いために食物が得やすく、古代から人々が定着していた。

東九州自動車道の建設に伴う近年の発掘調査では縄文・弥生時代の遺跡が次々と見つかり、多数の石鏃《せきぞく》（石製の矢じり）が出土した。

「熱変成によって硬くなり、鋭く割れるので矢じりに適した石が、都農町周辺では潤沢に取れる。弓を使った狩猟生活が盛んな地だったでしょう」と、宮崎県立西都原考古博物館の学芸員、藤木聡氏は話す。

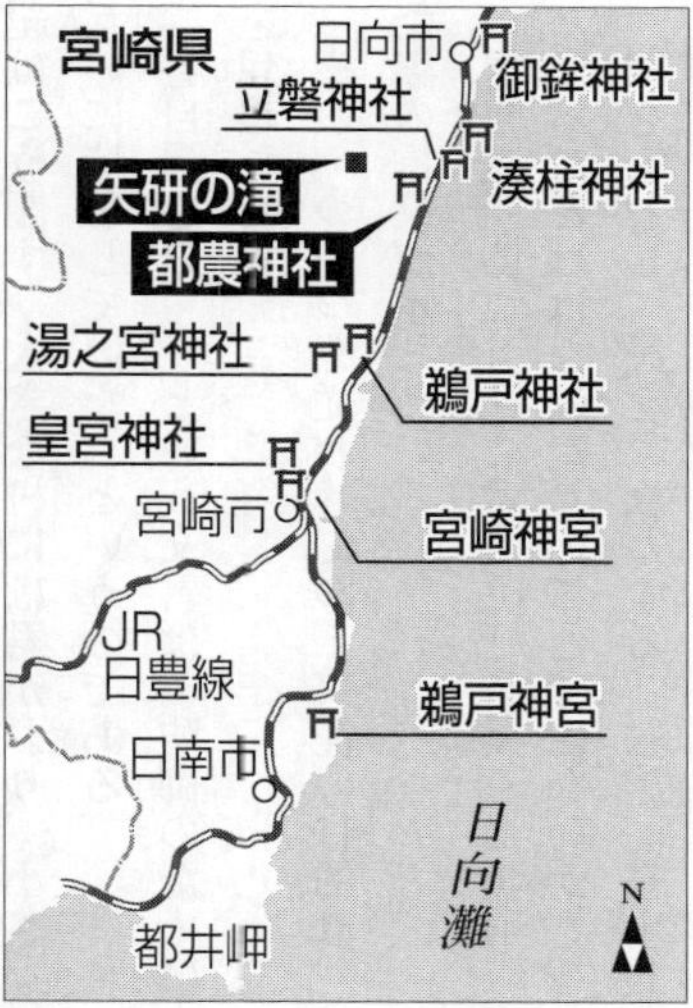

矢研の伝承は、東征に当たって武備にも心を砕いたイハレビコの姿を想像させる。

〈邑《むら》に君《きみ》有り、村に長《おさ》有り、各自《おのもおのも》疆《さかい》を分《わか》ち、用《も》ちて相凌《あいしの》ぎ躒《きしろ》はしむ〉

東征のころの日本の姿を日本書

紀はこう記す。大きな村には君がおり、小さな村には首長がいて、各々が境を設け、互いに抗争していた、というのである。

「各自彊を分ち」という文言は、防御のために水堀をめぐらせた弥生遺跡の環濠集落を想起させる。

その一つ一つを従わせてゆく東征の目的は、イハレビコが大和で初代天皇に即位した際の言葉が示している。

「八紘《はちくわう》を掩《おほ》ひて宇《いへ》と為《な》さむこと、亦可《またよ》からずや（四方を統合して天下を覆い、わが家とすることははなはだ良いことではないか）」

国を家とし、民を家族とする。家族国家主義が国造りの目的だったが、その実現には武備が必要なこともまた、現実だった。

〈東遷の折、此の地に立ち寄り、国土平安、海上平穏、武運長久を祈念し御祭神を鎮祭された〉

社伝がそう伝える都農神社（同町）では今年の節分の追儺《ついな》式で、古代衣装を身につけた地元中学校の弓道部員が弓道の腕前を披露した。

イハレビコゆかりの地の伝統に触れてほしいと、永友謙二宮司が平成二十六年から始めた行事である。

同神社のご祭神はオオナムチノミコト。海からやってきたスクナビコナノカミと協力して、最初の国造りを行ったオオクニヌシノミコトである。

「相手を尊び、みんなで協力して国を造るんだという思いが、ご祭神に感じられます」

武備の背景にある和合の精神。都農の伝承には、そんなものを感じる。

縄文・弥生の弓矢

日本で本格的な戦闘が起こったのは弥生時代とされる。農耕社会の到来で定住生活が始まり、領域意識が高まったことが要因だ。

国立歴史民俗博物館の松木武彦教授によると、弥生早期、石剣などの武器が農耕文化とともに朝鮮半島経由で九州にもたらされた。

都農町で数多く見つかった矢の石鏃は、縄文時代から狩猟用として使われていたが、弥生時代に入ると、より重く鋭いものが登場する。

戦闘用としての機能を高めるためだ。弥生中期になると、銅剣や鉄剣など金属製の武器が登場し、鉄製の矢じりも併用された。

4 出港の地に選んだ「造船の里」

〈美々津《みみつ》千軒〉


大正十二年に国鉄日豊線が開通して衰退するまで、そう呼ばれ、京風の町家が軒を連ねて栄えた美々津港（宮崎県日向市）。

高千穂宮をたったカムヤマトイハレビコノミコト（神武天皇）が船出したとされる港はここである。

「神武天皇が船出された港として御津《みつ》と呼び、それが美々津と転訛した。地元ではそう伝え、お船出の物語を語り継いでいます」

美々津で生まれ育った郷土史家、黒木和政氏はそう話す。同港は、流域面積が宮崎県の森林面積の二五％もある耳川の河口にある。

江戸時代には林産物の集積地として、瀬戸内や大坂（大阪）との間を行き交う千石

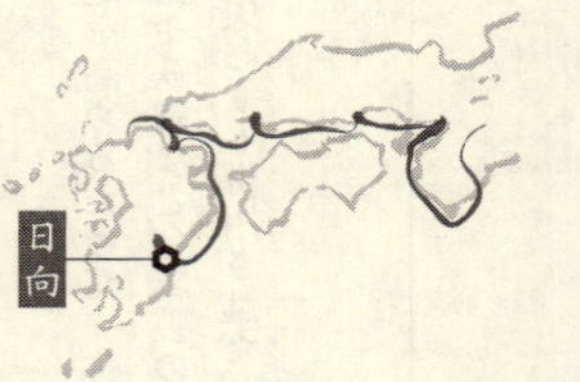

船がひしめいていた。

　美々津千軒は、その当時の繁栄をしのばせる町並みで、昭和六十一年には、国の重要伝統的建造物群保存地区に指定されている。

〈港はふけーし大けな木はようけあり、慣れちょるでくどん（船大工）やかこ（水夫）がぎょうさんいるし、むらんもんどみゃ人間《ひと》がえーもんばっかりじゃ〉

　美々津の歴史的町並みを守る会が発行する冊子『神武天皇　お舟出ものがたり』は、イハレビコが美々津を船出の港に選んだ理由をこう伝える。

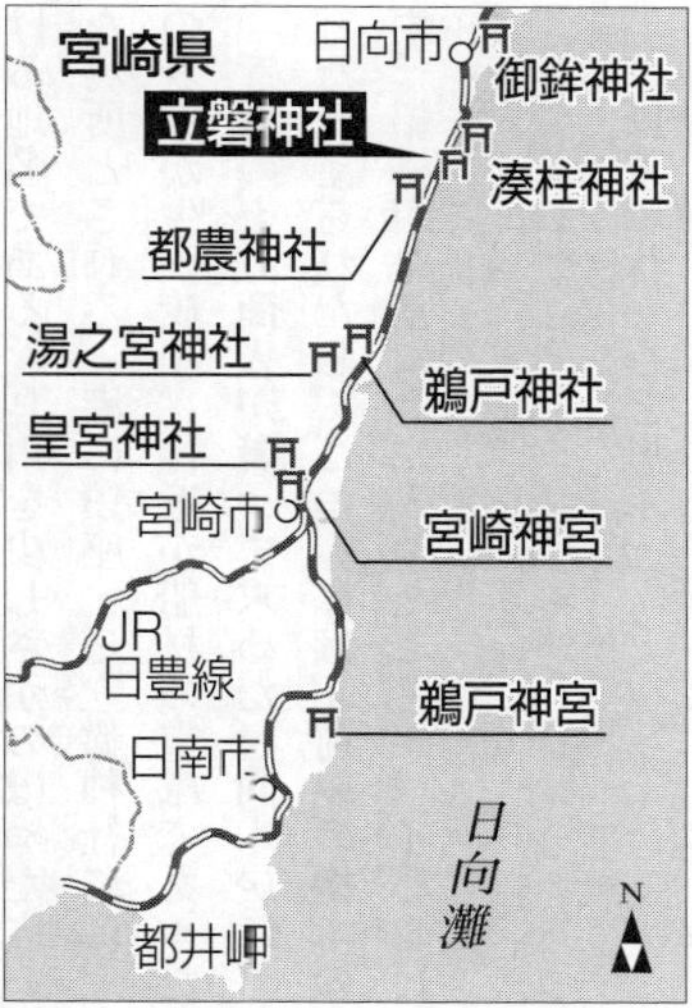

　大船に適した良港で、船を造る材木にこと欠かず、技術を持った人々がいる。さらによいことに、その人々が誠実な人ばかりだというのである。

「匠《たくみ》ケ河原《こら》」は、この伝承を裏付

ける地名である。耳川を少しさかのぼった広い河原のことで、船大工たちが船を造った場所とされる。港に鎮座する立磐《たていわ》神社には、古代から船材として利用されてきた楠の老木が生い茂り、付近が船材の宝庫であったことを今に伝えている。

「近世の上方商人が競って求めた日向木炭は、長く火が保って『日向美々津の赤樫《あかかし》』とたたえられたし、この赤樫は北前船の櫓木の材木として名を上げた」と黒木氏は話す。船材が豊富に手に入ったことが、イハレビコの眼鏡にかなったことは想像に難くない。

「なほ東に行かむと思ふ」

古事記では、イハレビコが兄にそう言って始めた東征は日本書紀では、イハレビコが塩土老翁《しおつちのおじ》に尋ねて始まったと記される。シオツチはイハレビコの祖父、ヤマサチビコを海の国へ誘った神である。

「東に美地《うましつち》有り。青山四周れり《あをやまよもにめぐ》（東方に四方を青い山々に囲まれた美しい土地がある）」

シオツチの言葉で、イハレビコは東征を決意する。この記述を裏付けるのが同神社のご祭神だ。

「祭られているのは航海の神の住吉三神ですが、シオツチと同体神とも伝わっています」

そう話す日向市立図書館の館長、緒方博文氏によると、同神社本殿の背後にそびえ立つ柱状節理の巨石が、海道の神シオツチを祭った祭祀《さいし》の場だという。海の神を深く信仰する美々津の人たちも率いて、イハレビコは船出したのである。

日本海軍発祥の地

イハレビコが船出した美々津は、日本最古の港といわれるとともに、海軍発祥の地とされる。立磐神社の参道入り口には「日本海軍発祥之地」の石碑が立っている。

皇紀二六〇〇年の記念事業の一環として、昭和十七年九月に建立。碑文は首相も務めた海軍大将、米内光政が揮毫《きごう》した。碑には西都原《さいとばる》古墳群で出土した埴輪《はにわ》を参考に造られた神武天皇の船が飾られている。

戦後、ＧＨＱによって碑文は破壊され、「平和塔」と名称も変わったが、昭和四十四年に地元有志らの強い要望で揮毫は復元された。

5 朝焼けの中 慌ただしく船出

「起きよ、起きよ」

八朔《はっさく》（旧暦八月一日）の午前四時過ぎ、子供たちの声が港町に響き渡る。宮崎県日向市美々津。カムヤマトイハレビコノミコト（神武天皇）が美々津港から船出したことを祝う「おきよ祭り」の始まりだ。

子供たちは、笹の葉を手に各家の格子戸をたたいて回る。全戸を起こし終わると一カ所に集まり、「つき入れ団子」を食べる。あんと餅が一緒になった団子である。

「船団の出発が早まったため、あんを餅で包む間がなく、急遽《きゅうきょ》一緒についたから、こんな形になったといわれています」

地元にある立磐《たていわ》神社の戸高英史宮司が話すのは、イハレビコの出港伝承にまつわる逸話である。

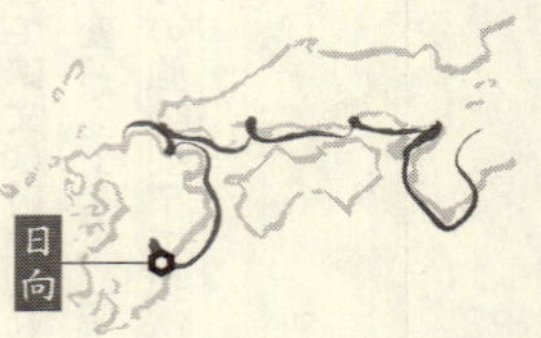

船材も船大工も豊富な美々津で造船し、水夫らに航海訓練も積ませていたイハレビコは、遠見の山から凧《たこ》を揚げて風向きを調べ、船出を旧暦八月二日と決めた。ところが物見番から、潮も風もちょうどいいという知らせを受け、急遽一日の夜明けに船出した――。宮崎市観光協会発行の『宮崎の神話』が書く伝承だ。

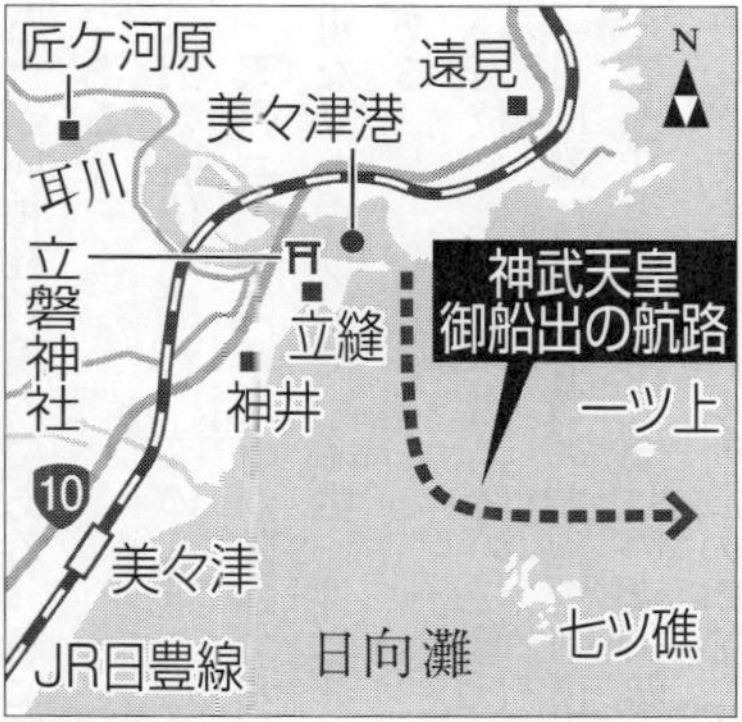

〈お腰掛けの岩より立ちなんして下知しちょんなんした尊《みこと》の御戎衣《みじゅうい》（軍服）のほこれをみつけたもぞらしいおご（かわいい童女）に、立っちょりなんしたまま繕わせなんしたこつから美々津のことの別名を立縫いの里というようになりやんしたげながの〉

　美々津の歴史的町並みを守る会が発行した『神武天皇　お舟出ものがたり』には、座ってほころびを繕う時間もないほど、イハレビコが出発を急いだことが書かれている。

　この時、イハレビコが座っていた「御腰掛之石」が同神社の境内にある。石に腰掛けることは天照大御神《あまてらすおおみかみ》の子孫として重要なことである。

〈天の石位《いはくら》を離れ、天の八重《やへ》たな雲を押し分けて、いつのちわきちわきて〉

天孫ニニギノミコトが降臨する様子を古事記はこう記す。高天原《たかまがはら》の玉座を出発し、重なりたなびいている雲を押し分け、天孫にふさわしい荘厳な道を行ったというのである。

石位とは巨岩。出港時の伝承は、天つ神の御子にふさわしい姿を伝えるものなのだ。

「日向灘は日本有数の航海の難所。出港を早めたのは土用波を警戒したのでしょう」

そう話すのは同会会長の大山恭平氏である。氏によると、イハレビコの出港日は現在の暦で九月一日。台風の季節に当たる。

慌ただしく出発した一行は、美々津港沖の一ツ上《がみ》と七ツ礁《ばん》という二つの島の間を通った。波が荒い日向灘沖に出る直前の穏やかな瀬戸である。

現在、「御船出の瀬戸」と呼ばれる海域を、験を担いで通らない地元漁師もいる。一行がそのまま美々津へ帰ってこなかったからだ。

〈日はのぼる、旗雲《はたぐも》の豊《とよ》の茜に、いざ御船出《い》でませや、うまし美々津を〉

詩人、北原白秋が『海道東征』でそう詠んだ船旅がいよいよ始まった。

軍船おきよ丸

皇紀二六〇〇年に当たる昭和十五年、イハレビコの伝承を基に「軍船おきよ丸」と命名された木造船が建造された。全長二一メートル。二人漕ぎの櫓二十四挺と帆を備えた船で、西都原《さいとばる》古墳群から出土した船形埴輪をモデルに造られた。

九十四人の乗組員を乗せて四月十八日に美々津を出航。神武天皇の聖跡を巡行し、同月二十九日に大阪・中ノ島に入港した。その後、一行は橿原神宮（奈良）に神楯を奉献した。

おきよ丸の舳先《へさき》などは、幕末の廻船問屋を活用した美々津の日向市歴史民俗資料館で展示されている。

神武さまを祭る宮崎神宮と境内の「おきよ丸」（宮崎県宮崎市）本文 64 ページ

第三章

御船出

住民の窮状を聞き
稲作を広め
道々で協力者を得ていく

1 水源のない島の窮状に心痛

〈日向より発《た》たして、筑紫に幸行《い》でます。故豊国の宇沙に到りまし時に……〉日向の美々津から東征に出発したカムヤマトイハレビコノミコト（神武天皇）について、古事記はこう記す。

最初に着いたのは豊国の宇沙、今の大分県宇佐市という記述だが、同県内の伝承では、イハレビコは宇沙までに少なくとも三カ所に足跡を残している。その一つが大入島《おおにゅうじま》（大分県佐伯市）である。

佐伯市の本土側から約七〇〇メートル沖。佐伯湾に浮かぶ同島の伝承では、イハレビコらは佐伯市米水津《よのうづ》の「居立《いだち》の神の井」で食料や水を補給した後、鶴御崎を回って同島に着いた。

船団が停泊したのは島の先端にある日向泊浦《ひゅうがのとまりうら》。米水津が、食料や水を提供したこと

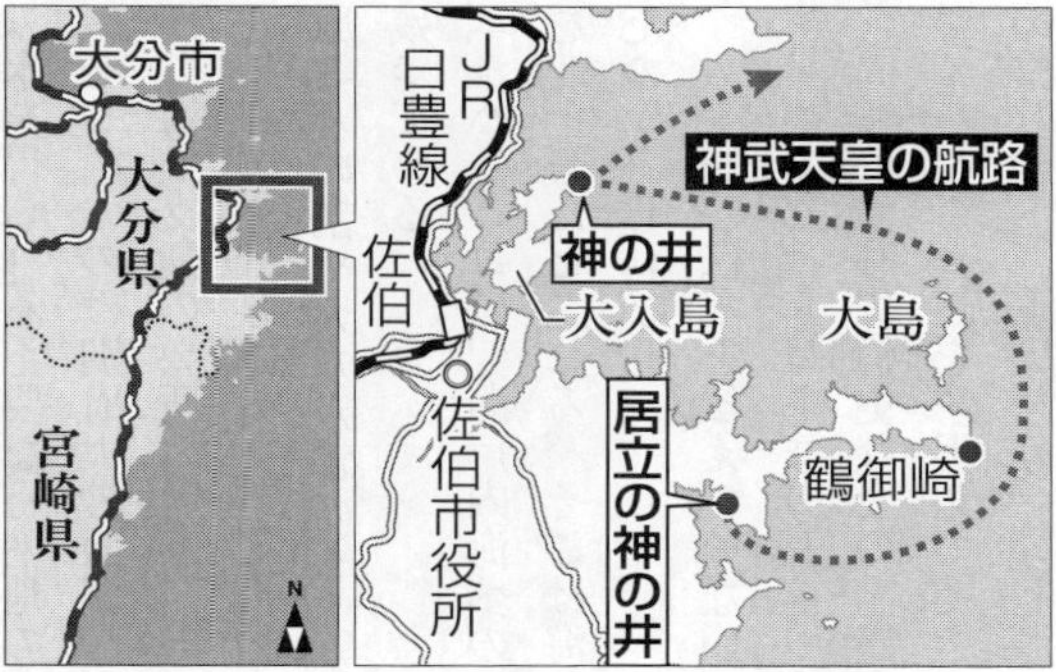

が地名の由来となったように、ここに船団が停泊したことを地名が伝えている。

〈天皇親《みずか》ラ浜辺ニ下リ立チ、御弓ヲ以テ、巌《いわお》ヲ穿《うが》チ給ヒシニ、忽《たちま》チ清水湧出シ、之ヲ飲料ニ取ラセ給フ……〉

水源のない同島で、住民から窮状を聞いたイハレビコが、地中深く弓を突き立て、「水よ、いでよ」と祈念すると、清らかな水が湧き出した――。そう伝える石碑が島には立っている。

その井戸は「神の井」と名付けられ、現在もこんこんと水が湧く。

「古代の船の能力では、何度も港に停泊しながらの航海だった。そのころの豊後水道一帯は、海部《あまべ》と呼ばれる海の民が生活していた場所。米水津や日向泊浦は彼らの海上ルートと重なる。実際に飲み水を得られる重要な寄港地の一つだったのでしょう」

そう話すのは別府大の飯沼賢司教授だ。瀬戸内海と太平洋を結ぶ豊後水道は、古代から海上交通の要所。

現在の大分県津久見市や佐伯市、臼杵《うすき》市の一部などは「海部郡」と呼ばれ後世、藤原純友の乱や大友水軍の歴史を生む地である。その地に、神武東征の伝承は色濃く残っている。

「イハレビコは、瀬戸内海への入り口だった佐賀関に向かって、日向から陸伝いの海を北上したとされる。そこは海の民の現実の海路でもあったから後世、伝承が生まれたのかもしれません」

古事記が伝承を伝えていない理由を、飯沼教授はそう推測する。

「イハレビコらはあまり長居せず、翌朝には出発されたと伝わります」

同島に住む佐伯史談会の高盛西郷氏はそう話す。住民らは、日が昇らないうちに発つイハレビコらを、浜辺でたき火して見送り、航海の無事を祈った。現在も続く同島の祭り「トンド火祭り」の起源である。

「住民は飲み水に喜び、感謝したでしょう。見送りの火は何カ所もたいたかもしれません」と、大入島地区公民館の川下喜代人館長は言う。神の井のそばには、イハレビコが船をつないだとされる二つの大岩も残る。種籾《たねもみ》と鉄器、そして灌漑《かんがい》技術を持ったイハレビコの東征が行く先々でどう遇されるか。同島の伝承はそれをうかがわせてもいる。

トンド火祭り

大入島の日向泊浦に伝わる伝統行事で、一年間の無病息災を願って毎年一月上旬に行われる。全国に伝わる「左義長」「トンド」と違い、イハレビコをたき火で見送った島の故事を由来にする。「神の井」のそばでおこした火をたいまつで中学校のグラウンドに運び、竹やシダで作った高さ一五メートルほどのトンドに火をつける。

同時に奉納される佐伯神楽では、神の井の水を祭壇に供え、神職がヤマタノオロチに見立てた白いひもを断ち切る舞を披露する。人口約八百人の島に三百人以上の観光客が集まる。

2 海の難所 現れた水先案内人

大分市佐賀関。関サバ、関アジの水揚げで知られるこの小さな半島は、四国の佐田岬との間に豊予《ほうよ》海峡をつくる。海峡幅はわずか一三・五キロ。いわば瀬戸内海への出入り口である。

豊国・大入島《おおにゅうじま》を出て東に向かうカムヤマトイハレビコノミコト（神武天皇）の船団は当然ながら、ここを通った。

同海峡は日本書紀では「速吸之門《はやすひなと》」と書かれる。そこで珍彦《うづひこ》という漁人《あま》が小舟を漕《こ》ぎ寄せ、イハレビコと言葉を交わす。

「天神《あまつかみ》の子《みこ》来でますと聞《うけたまわ》り、故に即ち迎え奉る」

「汝《なんじ》、能《よ》く我が為に導きつかまつらむや」

「導きつかまつらむ」

水先案内を申し出た珍彦にイハレビコは、椎根津彦《しひねつひこ》という名を与えた、と書紀は記す。

古事記では、最初に船団を迎えたのは、豊予海峡を越えた後の宇沙都比古《うさつひこ》、宇沙都《うさつ》比売《ひめ》と書かれているが、書紀はそれ以前に現れた協力者の助力で、海の難所を越えたことを示唆している。

佐賀関の古社、早吸日女《はやすひめ》神社の伝承では、椎根津彦の助力はさらに物語性を持って残る。その粗筋はこうである。

船団が急な風雨と荒波に襲われ、椎根津彦が海面をのぞくと、海底から異様な光が差していた。

椎根津彦が従えていた姉妹の海女、黒砂《いさご》と真《ま》砂《さご》を潜らせると、光の源は神剣で、それを守護していた大蛸《おおだこ》が姉妹に差し出した。大蛸はそのまま力尽きて沈み、神剣を持ち帰った姉妹も事情をイハレビコに伝えると、長時間の潜水がたたって息絶えた。風雨と荒波はすでに静まっていた――。

「イハレビコは、船を浜につないで姉妹を手厚く葬り、神剣をご神体とする小さい祠《ほこら》を建て、八十枉《やそまが》(禍)津日神《つひのかみ》らをご祭神として建国の大請願を立てたと伝わります」

同神社の小野眞一郎禰宜《ねぎ》はそう話す。ヤソマガツヒは、黄泉《よみ》の国から帰ったイザナキノミコトが禊を行った際に生まれた神である。

「この地では、佐賀関のすぐ前にある岩礁、権現礁《ごんげんべい》がイザナキの禊の場と伝わっています。神剣は、イザナキが絶えず佩《は》いていたもので、禊の最後に海底に沈めた。それを大蛸が守護していたのです」

大蛸は、イザナキの子孫のイハレビコが来たことを喜び、預かっていた神剣を返したのである。

地元で「お関様」と呼ばれる同神社の拝殿には、数多くの蛸の絵が張られている。参拝者が願い事と、その成就のために蛸を食べない期間を書いて張るのである。伝承に基づく蛸断《たこだち》祈願と呼ばれる信仰だ。

「わが家では代々、一生涯、蛸を食べません」

そう話す小野氏は同神社の三十九代目の社家である。蛸断ちは千年以上も続いていることになる。

佐賀関の港町には黒砂通り、真砂通りの名も残る。東征は、道々で協力者を得ながら達成された偉業で、その助力を地元がいかに栄誉と感じていたかが、町の隅々から感じられる。

速吸之門

潮流の速い海の意で、日本書紀では豊予海峡のこととして書かれているが、古事記では「速吸門」という名で登場し、明石海峡を指すと解釈される。いずれもイハレビコにとっては難所で、水先案内人の椎根津《しひねっ》彦《ひこ》（古事記では槁根津日子《さをねっひこ》）と出会う記述も共通している。

椎根津彦は古事記では、亀の甲羅に乗って釣りをしながら、鳥が空かけるように現れ、神武即位後には大和の国造《くにのみやつこ》の祖になったと書かれている。海で力を持つ豪族で、イハレビコの東征で終始、側近的な役割を果たしたことがうかがえる。

3 宮を造り歓待した宇佐の民

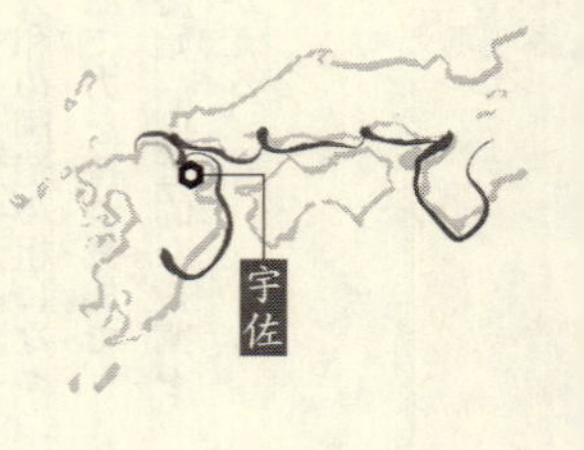

〈豊国《とよくに》の宇沙《うさ》〉

潮流の激しい豊予海峡を椎根津彦《しひねつひこ》の案内で突破したカムヤマトイハレビコノミコト〈神武天皇〉がその直後に立ち寄った地を、古事記はこう記す。日本書紀では〈筑紫国の菟狭《うさ》〉。現在の大分県宇佐市である。

〈椎根津彦命《みこと》に先導された神武天皇一行は、この柁鼻《かじはな》の地に上陸したといわれている〉

同市和気。小高い丘の上に鎮座している柁鼻神社の由緒書きにはこう記されている。

同神社は、イハレビコの上陸を喜んだ後の住民が、イハレビコの父、ウガヤフキアエズノミコトと兄、イツセノミコト、そしてイワレビコを祭って建てたものである。

「その昔は、神社のあるこのあたりまで海でした」と、同市観光協会事務局長の小野辰浩氏は話す。同神社の眼下に広がる田が海だったというのだ。

「神社名にある鼻とは、海に突き出した岬のようなところという意味。その岬に舵《かじ》を向けて、船団は航行してきたのでしょう」

〈宇沙に到りましし時に、其の土人《くにびと》名は宇沙都《うさつ》比古《ひこ》・宇沙都比売《うさつひめ》二人、足一騰宮《あしひとつあがりのみや》を作りて、大《おお》御饗《みあえ》を献る〉

古事記は、宇佐での出来事について、こう記す。宇佐の住人二人が、イハレビコらのために住居を造り、ごちそうを差し上げたというのである。

「二人は、今の宇佐神宮のあるあたりに暮らしていた民なのでしょう。友好的だったのは日向と海路を通じて交流があったために、イハレビコの人となりを聞き知っていたのかもしれません」

同神宮の永弘健二権宮司はそう推測する。

イハレビコは歓待を喜び、家臣のアマノタネコノミコトに宇沙都比売を娶《めと》るように命じた。

アマノタネコの祖父神は、天照大御神《あまてらすおおみかみ》が天岩屋に隠れた際の祭祀《さいし》を取り仕切ったアメノコヤネノミコト。イハレビコの曽祖父、ニニギノミコトの天孫降臨の際、一緒に天下り、後の藤原氏につながる神である。

「地元有力者と家臣の婚姻関係を描くことで、その地域を支配下においたことを表現したのではないでしょうか」

別府大の飯沼賢司教授は話す。実際、柁鼻神社の由緒書きはこう記している。

〈菟狭津媛《うさつひめ》（宇沙都比売）を妻としたことによって大和朝廷と宇佐との関係性がより深くなった〉

考古学的にも宇佐と大和王権との強い結びつきは明らかだ。同市内には九州最古といわれる三世紀後半の前方後円墳が存在し、大和からもたらされた鏡や装身具などの副葬品が多数出土している。

「宇佐は海に向かって開けた平地で、瀬戸内海で大和と行き来しやすく、早くから大和の影響下にあったことがわかります。こうした関係性を記紀は示しているのでしょう」

大分県立歴史博物館の企画普及課長、友岡信彦氏はそう話す。東征はさまざまな政治手法を駆使した地道な国造りだったことが、宇佐の伝承でわかる。

宇佐神宮

十五代応神天皇の神霊である八幡大神を祭る、八幡宮の総本宮。八幡大神は二十九代欽明天皇の時代の五七一年、初めて宇佐の地に現れたとされる。七二五年に現在の場所に社殿が建てられた。

応神天皇とともに、日本書紀で宇佐の地に降り立ったと記されるタギツヒメノミコト、イチキシマヒメノミコト、タギリヒメノミコトの三女神の総称である比売大神と、応神天皇の母、神功《じんぐう》皇后がご祭神。奈良の東大寺大仏建立を守護したことなどで知られる。武士の時代には特に尊ばれ、全国に勧請された。

4 母への孝心伝える「幻の宮」

〈菟狭《うさ》はよ、さす潮の水上《みなかみ》、豊国の行宮《かりみや》。ああはれ、足一騰宮《あしひとつあがりのみや》とよ、行宮。足一騰宮は行宮と青の岩根に一柱坐《ひとはしらま》す〉

北原白秋が作詞した交声曲『海道東征』では、古事記での最初の寄港地、宇沙（現在の大分県宇佐市）はこう歌われる。カムヤマトイハレビコノミコト（神武天皇）を迎えた宇沙都比古《うさつひこ》、宇沙都比売《うさつひめ》が、仮宮である足一騰宮を作り、大御饗《おおみあえ》を開いてもてなした記紀の記述がモチーフである。

足一騰宮は、柱一本を階段のようにして使った建物とも、屋根を一本の柱で支えた建物ともいわれるが、実際の姿はわからない。

宮があった場所も宇佐市内で諸説ある。宇佐神宮の境内にかつてあった弥勒寺の跡地そばもその一つだ。

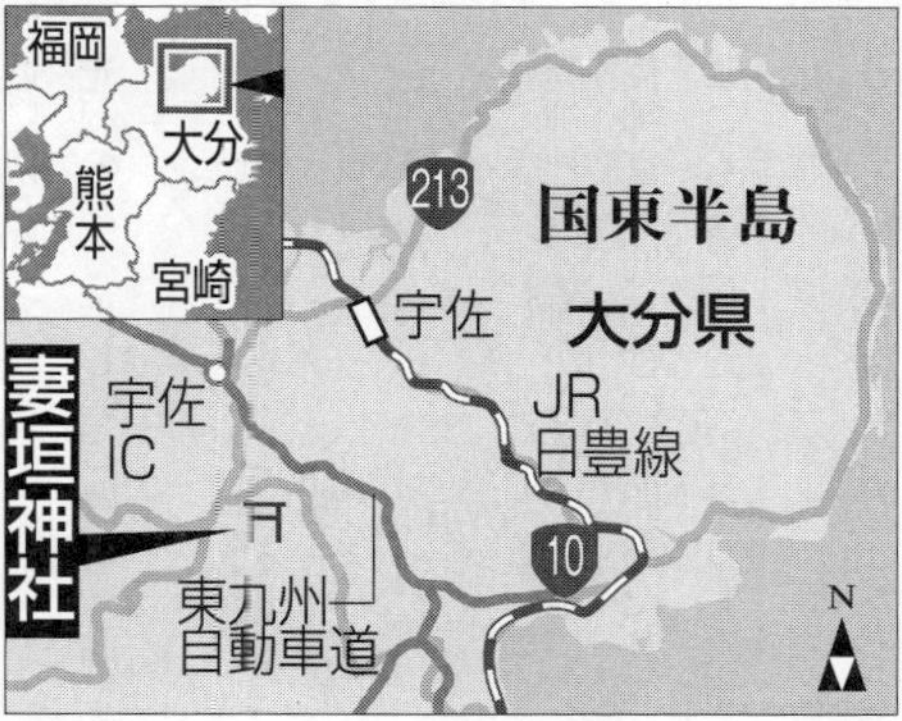

「このあたりは昔、『騰隈《とうのくま》』と呼ばれ、足一騰宮の名残と考えられてきた。年長の人なら知っているが、若い人たちは知らないので後世に語り継ぐために、石碑を建てて顕彰することにしました」

同神宮の永弘健二権宮司はそう話す。石碑は、神武東征の新たな語り部となる。

〈宇佐に立ち寄った神武天皇は、安心院《あじむ》盆地の美しい風景に感動し、母であるタマヨリビメの魂を祭るため祭祀を行った。すると、川の中の岩にタマヨリビメの魂が現れ、山の上へ舞い上がって山中の巨石に降臨した。神武天皇はこの石を足一騰宮と名付けた〉

足一騰宮のもう一つの伝承地、同市安心院町にある妻垣《つまがけ》神社には、こうした由緒が口伝で伝わり、江戸時代初期の史料になって残っている。

タマヨリビメの魂が降臨した巨石は、同神社の社殿から数百メートル離れた共鑰山《ともかき》の八合目付近に祭られている。

光沢のある美しいこけが一面を覆い、白秋が記す〈青の岩根に一柱坐す〉そのものの姿である。

巨石は同神社の上宮、社殿は下宮。「母君の御魂を宮に祭った後、大御饗を行ったのかもしれません」と同神社の妻垣常彦禰宜《ねぎ》は話す。宇佐の伝承は、イハレビコの孝心を伝えている。

同神社は、海から遠い盆地にある。足一騰宮のもう一つの伝承地、同市の和尚山《かしょうざん》は宇佐神宮と同神社の中間あたり。

ここも海には遠い。そうした土地にイハレビコは約一カ月滞在した、と地元には伝わる。

「うちの近くには海神社があって、タマヨリビメの姉のトヨタマビメを祭っている。どちらも海の神、ワタツミノカミの娘だから、海の民が川を遡《さかのぼ》ってやって来て、農耕の民になったのではないかと思います」

妻垣氏はそう話す。海から離れて祭られるイハレビコの母と祖母は、東征が稲作を広める旅だったことを示唆する。

「足一騰宮がどこにあったか、特定する必要はないと思います。ここに住む者として、お宮を守っていけばいいだけですから」

妻垣神社総代の矢野省三氏はそう言う。イハレビコを歓迎し、いち早く国造りに協力した土地柄への誇りがのぞいた。

安心院と松本清張

『点と線』や『砂の器』などで知られる松本清張は、作家デビューする前、大分県安心院町（現在の宇佐市）を訪れている。

当時、朝日新聞西部本社に勤めていて、古代史への興味から休日を利用して各地を旅していた。地図上で安心院盆地を見つけ、古代の人々の息吹を感じ取り、昭和十七年に初訪問。妻垣神社の上宮にも詣でた。

以来、度々この地を訪ね、この際の見聞は『陸行水行』や『西海道談綺』などの作品に書いた。イハレビコゆかりの地は、巨匠の琴線に触れる魅力があった。

5 謎の一年…稲作で豪族が恭順

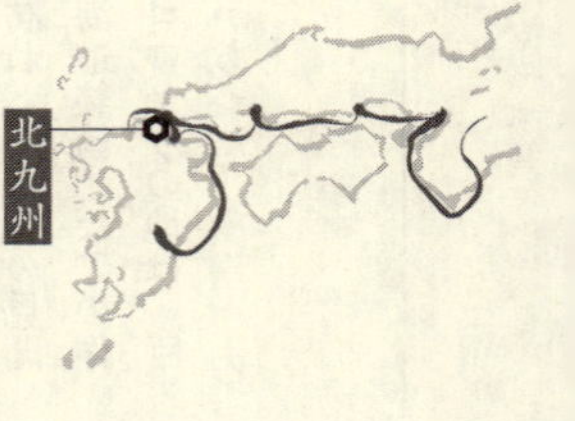

〈其地《そこ》より遷《うつ》りて、竺紫《つくし》の岡田宮に一年《ひととせ》坐《いま》す〉

其地とは豊国の宇沙のこと。古事記は、カムヤマトイハレビコノミコト（神武天皇）が豊国（大分）を出た後、筑紫（福岡）に入って岡田宮で一年間、滞在した、と記している。

古事記が記す岡田宮は、古代の崗《おか》地方（遠賀郡）を治めていた熊族が祖先神を祭っていた社である。

現在の住所地にすれば北九州市八幡西区。当時の社は現在より広大で、イハレビコの御宮居跡は住宅地になっているが、元宮の一宮神社にはイハレビコが祭祀《さいし》を行った祭場跡「磐境《いわさか》」が残っている。

「熊族の地で、イハレビコが祭祀を行っていたことに意味がある」と、同宮の波多野

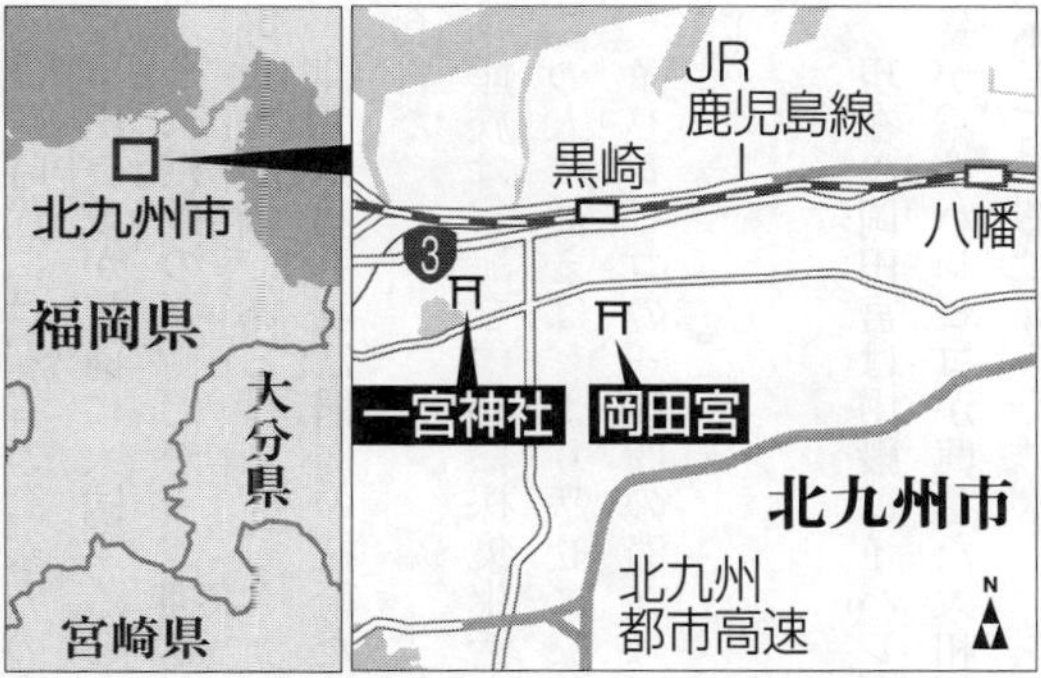

直之宮司は言う。遠賀地方を支配する豪族が、イハレビコに従ったことを象徴するからである。

「熊族の『熊』は、古事記によく出てくる『わに』のような言葉で、海の豪族という意味合い。彼らは、船団を率いてイハレビコを迎えたとも伝わりますから、早くから恭順したということでしょう」

速吸之門《はやすひなと》を過ぎて宇沙に着いたイハレビコの目前には、東に瀬戸内海が広がっていた。にもかかわらず、西に向かって岡田宮に一年も滞在したことは、東征の謎の一つである。

「ここは北部九州の要衝で、隣接して宗像族もいましたから、無視して通過することはできなかったのだと思います」

同宮では後世、新羅に遠征する神功《じんぐう》皇后が立ち寄り、祭事を行った。

鎌倉時代には、有力御家人の宇都宮重業が源頼朝からこの地を与えられ、江戸時代に黒田長政が筑前に入国するといち早く、長崎海道の起点になる黒崎宿を整備した。

それだけの要衝だから、押さえておかなければ安心して東征できない、という波多野氏の指摘である。

押さえる手段は稲作の技術だった。米は一粒が三百粒にもなる、豊かさを保証する食料だ。

「熊族は、海を中心に採集生活をしていたでしょうから、米の安定性を教えてくれるこの人に従えば、より幸せになれると思ったのではないでしょうか」

イハレビコの一年間の滞在は、稲作の技術を伝え、教える時間だった可能性が大きい。

現在の岡田宮は中殿にイハレビコを祭り、右殿に県主熊鰐命《あがたぬしくまわにのみこと》を祭っている。熊族の長が、イハレビコが興した大和朝廷の地方官、県主に任じられたことを、この神名は示している。

波多野氏の調査では、記紀や風土記が編纂された奈良時代初期、全国各地を治める国造《くにのみやつこ》は百三十四人、県主は六十九人いたという。

「東征とその後の国造りに協力した地方豪族が、そうした地位に就くことができた。熊族も東征に協力したことがきちんと評価されたのだと思います」

東征に協力したことで、その地を治める地位を与える。一年間の岡田宮滞在には、イハレビコの政治手法が見られて興味深い。

県主と国造

県は大和朝廷の地方組織で、そこの長が県主。記紀の伝承によく登場し、祭祀と関係が深く、宗教的性格が濃いのが特徴。国造は、大和朝廷が設置した地方官で、七世紀初めには体制的に整えられた。

それ以前からの地方豪族を任じることで、大和朝廷は全国支配を確立していったとされる。

一般に、県主は国造の下に属したと考えられるが、地方豪族がそのまま任じられた国造よりも大和朝廷への忠誠心が高く、大和朝廷の代表者としてその地方を治めたという説も根強い。県主を皇室直轄地の長とする説もある。

早吸日女神社の拝殿に張られた蛸の絵。イハレビコの伝承が生きている（大分県大分市）本文 76 ページ

大入島の神の井。今もこんこんと水が湧く（大分県佐伯市）本文 70 ページ

何重にも並んで立つ岡田宮の石鳥居。長い歴史を感じさせる（福岡県北九州市八幡西区）本文 86 ページ

第四章

海道回顧【上】

海道を整備しつつ
出雲勢力をも意識
中国山地に遠征も

1 高波遭遇 吉兆の地で力蓄え

〈また其の国より上り幸《い》でまして、阿岐国《あきのくに》の多祁理宮《たけりのみや》に七年坐《いま》す〉

竺紫（筑紫）を発ったカムヤマトイハレビコノミコト（神武天皇）について、古事記はこう記す。

阿岐は安芸。現在の広島県で七年も過ごしたというのだが、そこに至る前の周防灘で高波に遭い、竹島（山口県周南市）に停泊したという伝承がある。

「かの里に上がらん」

イハレビコは船酔いがひどく、対岸に船を進めて上陸した。里人が煎じた薬草を飲むと、気分はたちまち回復した。

「我が心、たいらかなり」

イハレビコはそう言い、里を「たいらの里」と命名した。現在の同市平野である。

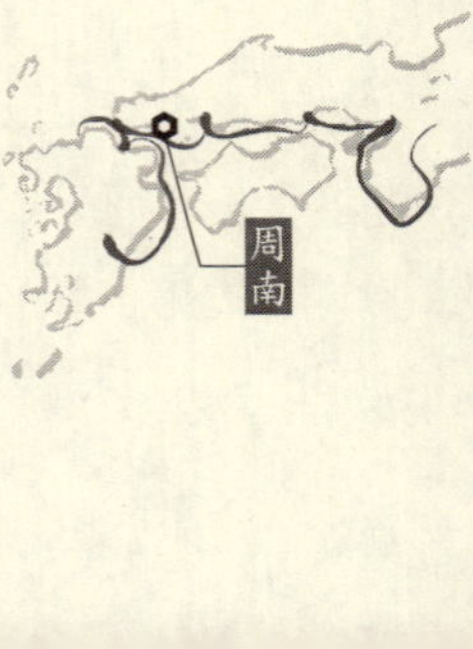

「当時の里人が温厚だったのでしょうが、大きな船で武器を携えてやって来た一行を恐れ、服従したとも考えられます」

地元で郷土史を編纂する中村哲夫氏はそう話す。

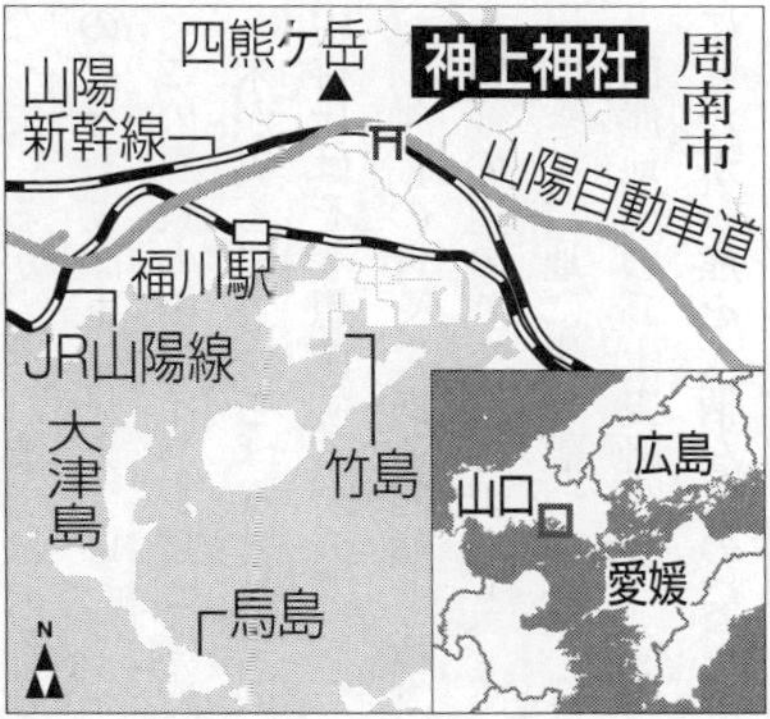

〈「波音聞かぬ所に」と水際伝いに進み、そこにあった石に腰掛けているうちに夜が明けた。この地は海上より微《かす》かな光を見た吉兆の地で、微明《みあけ》という〉

伝承は、上陸したイハレビコが近くの丘陵に登り、眼前の景色の美しさに惹《ひ》かれそこに仮宮を設けた、と続く。

現在の神上《こうのうえ》神社である。地名は下上見明《しもかみみあけ》。イハレビコが命名した伝承が現在も生きている。

「かつては神社の下の里あたりまで海だったそうです」と、同神社の佐伯聡子宮司は話す。

現在は、埋め立てられて竹島まで地続きに

なっているが、それまでは同神社の南に位置する永源山は島で、大津島と馬島も別々の島として眼下に見えていた。

　この風景の中でイハレビコは約半年、滞在したと伝えられる。

「米が実るまでがちょうど半年間。船の補修や食糧、兵器の補充をしたのでしょう」。中村氏はそう想像する。

　同神社の近くにある四熊《しくま》ケ岳もイハレビコの伝承地である。

〈東征の道のりを決めようと、イハレビコが四方が見渡せる山に登ると、四頭の熊が出てきて、地に伏し額づいた。この山は「四ツ熊の峯」と名づけられた〉

　四熊地区の郷土史研究会「ななはた探訪会」の兼重和剛氏らは、この伝承を紙芝居にしたが、熊を大柄な男の姿で描いた。

「熊はイハレビコの威にうたれて額づいたのだが、実際には熊ではなく、荒くれ者とか未開の地の人間とかいう意味でしょう」

　イハレビコに従った四熊ケ岳はその後、神聖な場所として崇《あが》められ、兼重氏が小学生のころまで女人禁制だったという。

「船は海を経よ。我は陸を行かん」

　イハレビコはそう言ってこの地を去った、と伝承は締めくくられる。南風が強くなると、関門海峡によって行き場の狭い海水が高潮になる海の難所が周防灘。大事を前に危険を避けるイハレビコの慎重な姿を、伝承は伝えている。

伝承の岩残る神上神社

「朕《ちん》、何国ニ行クトモ魂ハ此《ここ》ノ仮宮ヲ去ラザレバ、長ク朕ヲ此ニ祀《まつ》ラバ、国ノ守神トナラン（私をここに祭ればこの地の守り神になろう）」

イハレビコが、たいらの里を去るに当たってそう言い、里人たちが仮宮の地を祭ったのが神上神社だ。祭神は神武天皇。

境内には御腰掛岩などが残る。天照大御神《あまてらすおおみかみ》と弟の月読命《つくよみのみこと》も祭り、かつては祭礼に勅使が遣わされていた。本殿に安置されている弓矢を持った男性の木像は文政年間（江戸時代）、勅使を遣わす代わりに奉納されたという。

2 安芸の豪族への信任 後世まで

瀬戸内海の難所、周防灘を抜けたカムヤマトイハレビコノミコト（神武天皇）について、古事記は〈阿岐国《あきのくに》の多祁理宮《たけりのみや》に七年坐《いま》す〉と書くが、日本書紀はこう記す。

「安芸国に至り埃宮《えのみや》に居《ま》します」

記紀で宮の名前が一致せず、滞在期間も古事記は七年、日本書紀は二カ月余りと大きく違う。

しかし、多祁理宮と埃宮は同一で、現在の多家《たけ》神社（広島県府中町）と伝えられる。小高い丘の上に広がる境内にはかつて松がうっそうと茂り、「誰曽廼森《たれそのもり》」と呼ばれた。

「神武天皇がこの地に上がり、土地の者に『そなたは誰ぞ』と尋ねた伝承が名の由来です」

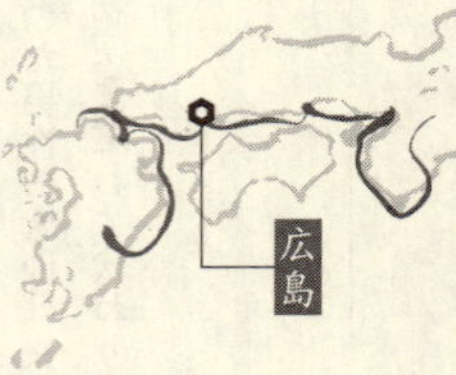

そう説明する飯田誠宮司によると、古代の広島湾は平野の奥深くまで海が入り込み、

誰曽廼森は穏やかな湾内に突き出す岬だったと考えられる。

「近くには水分峡《みくまりきょう》という豊富な湧き水があります。七年も滞在できたのは、水運の便に加え、水源の存在が大きいと思います」

同神社は、神武天皇とともに安芸国の開祖、安芸津彦命《あきつひこのみこと》を主祭神とする。安芸津彦の本拠地は広島市西部の火山《ひやま》（標高四八八メートル）周辺といわれ、山頂には「神武天皇烽火《のろし》伝説地」の碑が立っている。イハレビコの一団が広島湾に入って来た際、安芸津彦がのろしを上げたとされる。

〈安藝都彦出迎えて奉饗せりとの傳説《でんせつ》あり〉

『廣島縣史』はそう記す。安芸津彦が牡蠣《かき》など地元の名物を並べて、イハレビコをもてなした様子が想像される。

「安芸津彦は神武東征に協力し、後に国造《くにのみやつこ》の地位を与えられた」

そう指摘するのは、安芸国府の在庁官人の家で、鎌倉時代の田所文書（広島県重要文化財）を伝える田所家の子孫、田所恒之輔氏である。

田所家は平安時代、厳島神社の祭祀《さいし》で勅使代を務めてきた家で、その初代を安芸津彦とする。

「安芸津彦の子孫は、東北の軍事的要所も任されており、東征では軍事面でも協力したのでしょう」

安芸津彦は、平安時代前期の史書『先代旧事本紀《せんだいくじほんぎ》』では、阿岐国造家の祖、天湯津彦命《あまのゆつひこのみこと》として登場する。阿尺国造《あさかのくにのみやつこ》（福島県郡山市周辺の長）や伊久国造（宮城県角田市周辺の長）の祖ともされ、大和朝廷の信任が厚かったことがうかがえる豪族である。

その歴史は、イハレビコへの歓待、協力ぶりに始まったとみられる。

皇紀二六〇〇年の昭和十五年を前に行われた広島県内の神武天皇聖蹟調査では、イハレビコの立ち寄り地は県内最大の穀倉地帯、東広島市の西条地区のほか、安芸高田市や三次市など芸北地方（県北部）に密度濃く広がっていた。

「誰曽廼森を拠点に安芸周辺の国々まで出向き、東征や国造りの支援を要請したのではないか。安芸津彦は道案内や仲介役も果たしたのでしょう」

飯田宮司は聖蹟をもとに、七年間の滞在をそう推測する。

先代旧事本紀

天地開闢《かいびゃく》から三十三代推古天皇の時代までの歴史を記した平安時代前期の史書。偽書説があるが、記紀にない内容が盛り込まれ、史料的価値は高いとされる。

第三巻「天神本紀」には神武東征以前に物部氏の祖、ニギハヤヒノミコトが尾張連《むらじ》や中臣連など各地の古代豪族の祖を従えて天下ったと記され、安芸の天湯津彦命もその一人。

第十巻「国造本紀」は、東征に功績のあった者を国造や県主《あがたぬし》に定めたとし、阿岐国造には十三代成務天皇の時代、天湯津彦の五世孫、飽速玉命《あきはやたまのみこと》が任命されたと書かれている。

3 出雲勢力の帰順を求め遠征

中国山地の分水嶺に位置する広島県安芸高田市。瀬戸内海から遠い同市にある埃《え》ノ宮神社は、日本書紀が記す埃宮という由緒を持つ。

広島湾に面した誰曽廼森《たれそのもり》に上陸したカムヤマトイハレビコノミコト（神武天皇）は、太田川、根の谷川を北上し、高田郡可愛村《えのむら》（同市吉田町）に到着したというのである。

〈吾が可愛村埃宮は、所謂《いわゆる》日本書紀に見ゆる安藝埃宮なりとの傳統《でんとう》的固き信仰を持つものである〉

昭和十六年、可愛村郷土誌調査会が発行した論文『神武天皇御聖蹟埃宮』はそう記す。さらに、中国山地が鉄を産し、出雲に近い同県三次市や庄原市にも神武伝承が多いことを指摘してこう書く。

〈されば、神武天皇、精鋭の軍兵と兵器其他の諸準備を遊ばすため、強大なる出雲勢

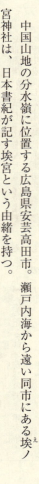

力の帰順を求め給ひしと思惟することは誠に当然なことである〉

ヤマタノオロチ伝説も、同市と出雲との深い関係を伝えるものだ。須佐之男命《すさのおのみこと》がオロチを退治したのは、出雲の宍道湖に注ぐ斐伊川の上流とされる。

しかし、日本書紀は〈一書《あるふみ》に曰《いわ》く〉として、須佐之男命が戦った場所をこう書く。

〈安芸国の可愛《えの》川上に下り到ります〉

可愛川は、同神社の脇を流れ、やがて日本海に注ぐ江《ごう》の川になる。神社脇から約八キロさかのぼった同市上根は、瀬戸内海に流れる根の谷川の源流になる。「周辺はかつて『根村』と呼ばれ、須佐之男命が住む『根の国』と伝えられてきました」と、郷土史家の三上節次氏は話す。

同神社から約二キロ南の山中では平成二十五年、弥生時代末期の四隅突出型墳丘墓、稲山墳丘墓が見つかった。

「四隅」は弥生時代の出雲で巨大化した墓で、その分布は出雲の勢力圏を示す。同市地域振興事業団課長の沖田健太郎氏は「土器の出土状況も合わせ、この地に出雲の勢力が及んでいたことに疑いはない」と話す。

出雲は、最初の国造りをして天照大御神《あまてらすおおみかみ》に国譲りした大国主命《おおくにぬしのみこと》が隠棲した国。その国と関係深い可愛村に、古代国家を造ろうとするイハレビコは、海道を離れて遠征したのである。

東征が終わり、初代天皇として即位するイハレビコは、ヒメタタライスケヨリヒメを正妃に迎える。

イスケヨリヒメは、日本書紀では媛蹈鞴五十鈴媛命《ひめたたらいすずひめのみこと》と記され、コトシロヌシノカミの娘とされる。

コトシロヌシの父は大国主命。つまりイハレビコは、出雲勢力との姻戚関係を国造りの仕上げにしたことを、記紀は示しているのだ。

「蹈鞴」は古代の製鉄法のことである。鉄をイハレビコが求めたことも、この婚姻は示唆する。

戦国武将・毛利元就の本拠地としても有名な同市に伝わる伝承は、国造りの基盤を物語る重要なものだ。三上氏は言う。

「論文の伝承を引き継いでいく責任があると思っています」

芸北神楽

広島県北西部で演じられてきた神楽。島根県の石見《いわみ》神楽の影響を受けており、出雲地方との文化的つながりを物語る。戦後は演劇性も高めて独自に発展、現在は百を超える神楽団が活動している。

出雲神話の「八岐大蛇《やまたのおろち》」や須佐之男命の故事を題材にした「鍾馗《しょうき》」、東征での神武天皇の活躍を描いた「神武」といった演目は今も人気が高い。広島県安芸高田市の神楽門前湯治村にある舞台「神楽ドーム」では毎年秋、「ひろしま神楽グランプリ」が開催され、約二千人の観客の熱気に包まれる。

4 港町に残る海賊退治の物語

多祁理宮とされる多家神社（広島県府中町）から南東に約二〇キロ離れた同県呉市。昭和五年に発行された『呉及び其の近郷の史実と伝説』（中郡末吉著）に、カムヤマトイハレビコノミコト（神武天皇）の武勇伝といえる伝承が記されている。

〈高烏山《たかからすやま》に夷賊《いぞく》の山巣《さんそう》があった。里に住居するよき翁達は、我物顔に振る舞う夷賊共の蔓《はびこ》る様《さま》に怖《おそ》れ戦《おのの》いていた。（中略）神武天皇は誰れ奏聞するともなく聞き召され「やよ、かの奇しき賊どもを平らげ得させよ」と宣《のたも》ふた〉

討伐に向かうイハレビコの船を、どこからともなく現れた八咫烏《やあたがらす》が先導した。古事記では、熊野から吉野に向かう際にイハレビコを導いたとされる鳥である。

八咫烏は、船に先立って賊の住む高烏山で羽を休めた。そのあまりの美しさに恐れを抱いた賊は、イハレビコらと戦う気力を失って退散した――。

呉市の伝承は、イハレビコが多祁理宮を離れ、東に向かう際のものと伝わる。同市の総氏神である亀山《かめやま》神社の太刀掛祐之宮司は「陸伝いに航行すれば、呉には必ず立ち寄る。寄港地の賊を無視することはできなかったのでしょう」と話す。

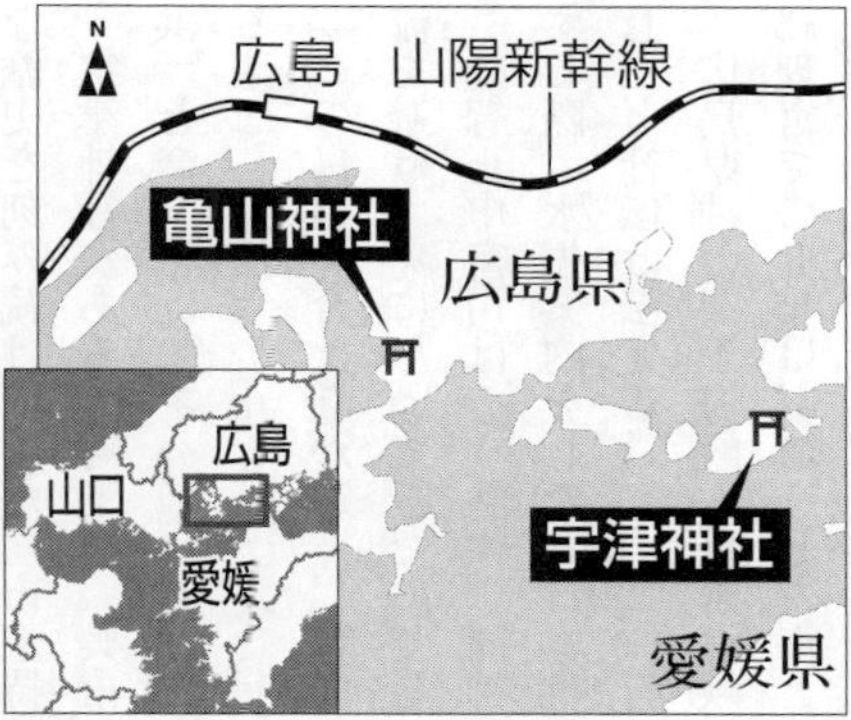

太刀掛宮司は、伝承で語られる夷賊とは海賊のことだと推測する。

「瀬戸内は古来、海賊がよく出没したが、呉の人々が海賊に悩まされたという話は聞きません。神武天皇が成敗してくださったからではないでしょうか」

同神社は市内に、八咫烏《やたがらす》神社を摂社に持つ。もともとは高烏山に建っていたが、参拝が困難なため、昭和になって麓に下ろされた。

しかし、元の場所には「奥宮」が残り、今も地元の人々に守られている。軍港として先進的な歴史を刻み続けてきた同市が持つ、もう一つの顔である。

宇津《うつ》神社がある大崎下島（呉市）にもイハレビコの足跡が残る。上陸した浜が「王浜」と命名され、その地は今、「大浜」と表示される。仮宮を建てて過ごしたとされる地は「大長《おおちょう》」。王朝と呼んでいた名残の地名である。

「この島の沖合は潮が速く、昔はフェリーも欠航するほどだった。神武天皇はその潮流を避け、島にやってきたのでしょう」

越智正申宮司はそう話す。同神社の祭神は宇津彦命《うつひこのみこと》。イハレビコが豊予海峡を通過する際、水先案内をしたと日本書紀が書く漁人《あま》の珍彦《うづひこ》と同様に、イハレビコの先導をしたと社伝は伝える。

広島県沖の芸予海峡も豊予海峡以上の海の難所。イハレビコの阿岐《あきの》（安芸）国、多祁理宮での七年は、こうした海との闘いでも費やされたと推測できる。

同神社では毎年、神武天皇が崩御した四月三日に奈良・橿原に向けて祭壇を組み、神武祭を行う。越智宮司は言う。

「神武天皇の功績を後世に伝えていくのはお宮の務め。神武祭を行う神社は近年少なくなったが、これからもやめるつもりはありません」

神武天皇祭

初代神武天皇が崩御したとされる四月三日に行われる祭祀。神武天皇陵とされる畝傍山東北陵（現在の奈良県橿原市）で御陵祭として始められ、明治四十一年に制定された「皇室祭祀令」によって「大祭」として法制化された。同法は戦後、廃止されたが、現在も宮中と御陵で祭祀が行われるほか、即位した地の橿原神宮（同）や高千穂宮跡の宮崎神宮（現在の宮崎市）をはじめ、全国各地の神社で執り行われている。

平成二十八年は崩御から二千六百年で、橿原神宮では「神武天皇二千六百年大祭」が行われた。

5 瀬戸を照らす海洋国家の曙光

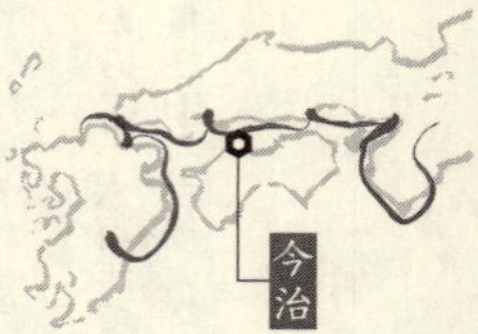

愛媛県今治市（大三島）の大山祇《おおやまづみ》神社。「日本総鎮守」といわれる同神社の境内では、巨大な楠が参拝者を迎える。「小千命《おちのみこと》御手植の楠」。推定樹齢約二千六百年。その謂《いわ》れを同神社の由緒はこう書く。

〈神武天皇御東征のみぎり、祭神の子孫、小千命が先駆者として伊予二名《ふたなの》島（四国）に渡り、瀬戸内海の治安を司っていたとき、芸予海峡の要衝である御島（大三島）に鎮祭したことに始まる〉

同神社の祭神はオオヤマヅミノカミ。カムヤマトイハレビコノミコト（神武天皇）の曽祖父、天孫ニニギノミコトの妻になったコノハナノサクヤヒメの父神である。

楠の伝承は、その子孫が東征の先駆けを果たしたことを示している。

日向・高千穂を発ったイハレビコが一族、血縁者を多く従えていたことを示唆する

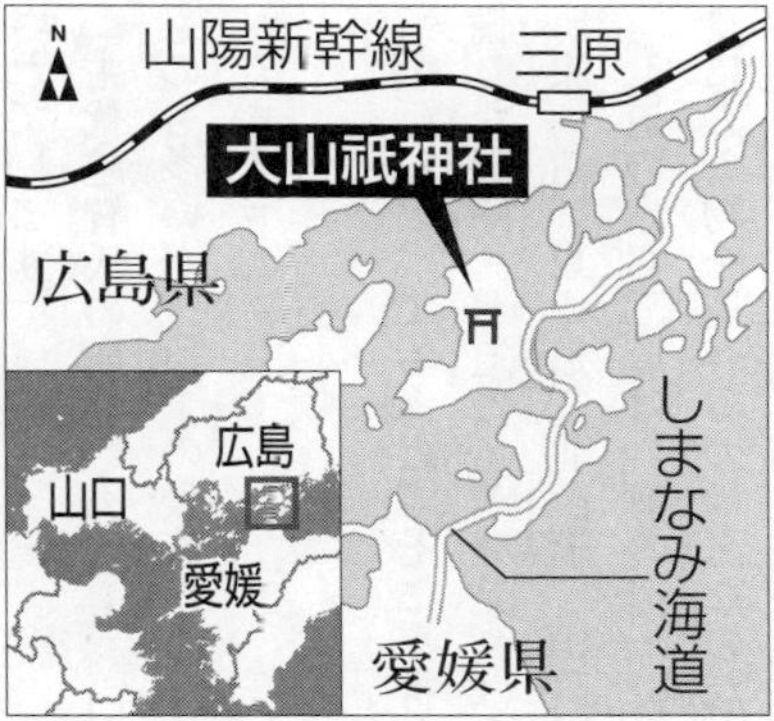

ものなのである。

「小千命はそのまま伊予に残り、豪族・越智氏の祖になったといわれます。瀬戸内海を掌握する役目を負っていたのでしょう」

同神社の三島安詔《やすのり》権宮司はそう話す。

越智氏は、朝廷に忠節を尽くす豪族として度々、史書に登場する。越智・河野氏の家譜を伝える『予章記』は三十三代推古天皇の時代、百済の軍が肥後に来襲したとして、こう書く。

〈（越智）益躬《ますみ》勅ヲ蒙《こうむ》リ、夷敵退治ハ家ノ先例ナリトテ、手勢少々率イテ九州へ発向ス〉

『日本霊異記』には三十八代天智天皇の時代の白村江の戦いに越智直《あたえ》が一族を従えて出陣し、奮戦及ばず捕虜になったことが書かれている。

「造船知識があったので敵地で船を造り、観音菩薩の助けで西風を得て帰国した。そんな直を天皇が憐《あわ》れみ、望み通りの褒美《ほうび》を与えたと記録されています」

『古代越智氏の研究』の著者、白石成二氏はそう話す。「伝承には史実に基づかないものも多いが、伊予の豪族たちが朝廷との結びつきをいかに重要視していたかがうかがえます」。

朝廷にとっても海と、そこを押さえる豪族は大事な存在だった。それは七世紀に整備した畿内・七道の名前を見ればよくわかる。〈東海道、東山道、北陸道、山陰道、山陽道、南海道、西海道〉七道のうち三道は「海の道」である。道路網が整備されていない時代、短期間に大量に人や物を運べるのは海なのだ。

「大三島はちょうど、瀬戸内海の真ん中。潮の境目なので、とりわけ重要拠点だったと思います」と白石氏は言う。

楠を産することも重要だった。腐りにくく、船の用材に適する。同神社は小千命の楠以外にも天然記念物に指定された楠群がある。

「古代の船は木を切った山で造られ、完成してから海に下される。それに適した地形が芸予に多い。遣唐使船はほとんどが安芸で造られていました」

こうした適地を最初に押さえたのも、東征だったのである。

日向三代

イハレビコの曽祖父ニニギノミコト、祖父ヤマサチビコ、父ウガヤフキアエズノミコトを「日向三代」と呼ぶ。高天原《たかまがはら》から日向・高千穂に降臨したニニギは、山の神オオヤマヅミノカミの娘と結ばれ、ヤマサチビコは海の神ワタツミノカミの娘を妻にする。山と海の神の血統を引くことで、イハレビコがこの国のすべてを治める地位にあることを古事記は強調する。

面白いのはウガヤフキアエズの妻、つまりイハレビコの母。やはりワタツミの娘で、海の神重視の物語は、日本が海洋国家であることを示唆している。

芸北神楽。出雲地方との文化的つながりを物語る（広島県安芸高田市の神楽門前湯治村）本文 103ページ

第五章

海道回顧【下】

経済力と軍備を備え
満を持して
正念場、畿内へ

1 潮を待ち軍備も怠らぬ日々

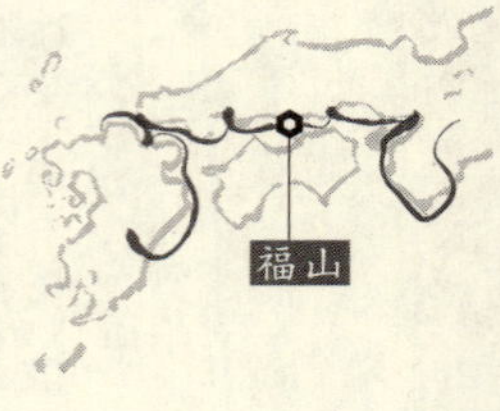

〈また其の国より遷《うつ》り上り幸《い》でまして、吉備の高嶋宮に八年坐《いま》しき〉

古事記が書く「其の国」とは東征の旅に出ているカムヤマトイハレビコノミコト（神武天皇）が七年いた阿岐《あきの》（安芸）国《くに》のこと。

イハレビコはそこを出て吉備国（岡山県と広島県東部）に入り、高嶋宮に八年滞在したと古事記は記す。

その経路について、古事記は全く触れていないが、昭和十六年に広島県が発行した『聖蹟誌』によると、多祁理宮《たけりのみや》から上蒲刈島（広島県呉市）、大崎下島（同）、生口島《いくちじま》（広島県尾道市）、因島《いんのしま》（同）と、芸予諸島を伝うようにして船団を進めた。阿岐国は生口島まで。

吉備国の入り口となる因島にある斎島《いむしま》神社の由緒にはこうある。

〈昔神武天皇、東国に行かれるとき、風波のため航海ができず、この大浜に船を留め、塞崎山にて数日、嵐の静まることを天神に祈られた。即ち此《こ》の島は斎島である〉

瀬戸内海の潮目の境は阿岐と吉備の境目あたり。ここから東は、満ち潮なら向かい潮、引き潮なら追い潮になる。

「大浜は古くから潮待ちの港で、二十～三十艘の船が停泊しては一斉に出航する光景が、昭和初期までありました」

同神社の河野真也宮司はそう話す。潮目の変わった船旅の最初の寄港地が、因島だったのである。

「芸予諸島によって迷路のように入り組んだ瀬戸内海は、海流が一定した外洋とは全く違う複雑怪奇な海に思えたことでしょう」

そう指摘するのは神戸商船大（現在の神戸大海事科学部）の松木哲名誉教授である。松木氏によると、弥生時代でも日本の船には帆がなく、漕ぎ進める速度はせいぜい二ノット（時速三・七キロ）。向かい潮だと前進できず、沖に出ると遭難の危険が伴った。

「ゆっくり潮を待ち、陸や島に沿った航海だったでしょうが、それでも水先案内人なしでは横断は不可能だったと思います」

昭和十五年に広島県教育会が発行した雑誌『芸備教育』によると、イハレビコは因島から向島に沿って北上し、尾道水道を進んだ。遠回りだが安全な航路を選び、いったん松永湾に入ったのである。

その地にある「柳津」は、イハレビコが柳の木に艫綱《ともづな》をつないだ伝承から生まれた地名だ。

そこから沼隈半島に沿って南下した先の田島（広島県福山市）は、記紀に記された高嶋宮の候補地の一つ。隣接するように近い矢ノ島は、一行が弓矢を作ったとされる島だ。

〈往古、神武天皇、高殿を設けて、磯間の浦にて海軍の操練を叡覧且つ監護せさせ給う所なりと云う〉

郷土史『吉備高島宮研究志料』（昭和十三年）はそう書いて、田島の入り江でイハレビコが、水軍の訓練を指揮した伝承を記録している。潮を待ち、安全な航路を選び、操船技術を熟練させ、軍備も怠らない。こうした日々が、瀬戸内海の半ばを過ぎてもなお、続いていたのである。

弥生時代の船

日本の最初の船は、巨木を半分に割って内部をくりぬいた丸木舟で、縄文遺跡から見つかっている。弥生時代になると、丸木舟に竪板《たていた》や舷側板《げんそくばん》を取り付けて大型化させた準構造船が登場する。当時の銅鐸や土器に描かれた船には、多数の漕手と櫂《かい》も表現されている。

広島県福山市の御領《ごりょう》遺跡では平成二十六年、準構造船が線刻された土器片が見つかった。そこには船倉《キャビン》が表現され、広島県教育事業団埋蔵文化財調査室の室長、伊藤実氏は「屋形船の初例ではないか」と話す。船には旗も描かれ、海道東征の様子を想像させる。

2 ヒメとの別れ 戦への覚悟

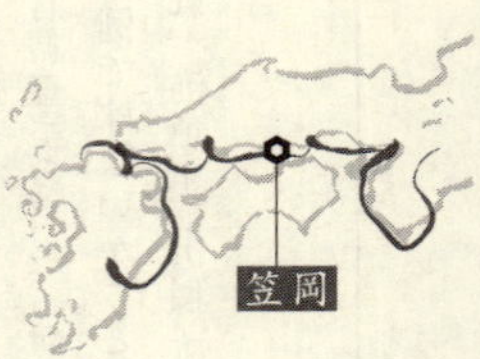

岡山県笠岡市の高島。広島県との県境に浮かび、歩いて約二時間で一周できるこの小島には、カムヤマトイハレビコノミコト（神武天皇）ゆかりの地名が実に多い。

上陸し、宮を建てて滞在した「王泊《おおどまり》」、天つ神に捧《ささ》げるために水をくんだ「真名井」、山頂で吉凶を占った「神卜山《かみうら》」……。

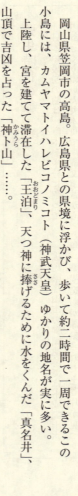

「高島の近くにある稲積島は、神武天皇が出発に備えて稲を積んで蓄えていたことから、島名がついたといわれます。ほかにも、天皇が手を洗った御手洗池など、高島以外の地にも伝承地が残っています」

同市生涯学習課の学芸員、山本原也氏はそう話す。この伝承地の多さが、高島が高嶋宮跡伝承地の一つとされている理由である。

「縄文時代の土器片なども見つかっていて、高島が古くから人々が生活する地だったことも間違いありません」

高島対岸の本州側。高島の王泊を目の前にする地、同市神島外浦に神島《こうのしま》神社がある。祭神はイハレビコと、イハレビコの后《きさき》と伝えられる興世姫命《おきよひめのみこと》だ。

地元の伝承によれば、オキヨヒメは、日向の美々津からイハレビコと共に船でやってきた。高島に着くと、イハレビコは島に宮を建て、対岸の地に行宮《かりみや》を建ててオキヨヒメの住居とした。

「神武天皇は狩りをするために高島から海を渡っておいでになり、その際はオキヨヒメのいる行宮で過ごされたといいます」

同神社の総代長、岩井寛彰氏はそう語る。

〈三年を積る間に、舟檝《ふね》を脩《そろ》へ兵食を蓄へ、将《まさ》に一たび挙げて天下を平《ことむ》けむと欲す〉

日本書紀は、古事記が全く触れていない高嶋宮でのイハレビコの様子について、こう記している。高嶋宮は、天下を平定するための最後の準備を行った拠点だったと書いているのだ。

古事記では八年、書紀でも三年も滞在した高嶋宮である。準備の合間に狩りに興じ、オキヨヒメと穏やかに過ごしたとする伝承はどこかほっとし、信じたくなるものである。

神島神社の伝承は、さらにこう続く。

〈皇后興世姫命は、引き続き神島にご滞在なされ、島民の尊敬を集めて当地で薨じられた。島民はさっそく社を建立し、興世明神としてお祀りした〉

万全の準備を終えた船出の時、イハレビコはオキヨヒメに、この地にとどまるように言ったのである。

そして一人、オキヨヒメはこの地で亡くなった。

「この先は戦になる、という覚悟が天皇にはあったのでしょう。ヒメも足手まといにはなりたくない。そう思われたのだと思います。悲恋ですね」

現在の形で神島神社が創建され、オキヨヒメが夫、イハレビコと共に祭られるようになったのは七二六年のことだ。

イハレビコが大和で、神武天皇として即位し、大業を成し遂げてから実に一三八六年後のことである。

式内社

イハレビコの妻の悲恋を伝える神島神社は、式内社に数えられる。式内社は、平安時代中期の法令集「延喜式」の九、十巻に記されている神社で、延喜式内社ともいわれ、社数にして二千八百六十一。七世紀後半から、国がその存在を認め、祈年祭への幣帛《へいはく》の対象とした。

中世以降、官社制度の形骸化で実態は失われたが、社格の一種として重要視され、大阪市の住吉坐神社（住吉大社）や福岡県宗像市の宗像神社（宗像大社）などが今も残る。

一方で、延喜式編纂時に存在したが、記載されなかった神社は式外《しきげ》社と呼ぶ。

3 水田と集落
兵食支えた吉備

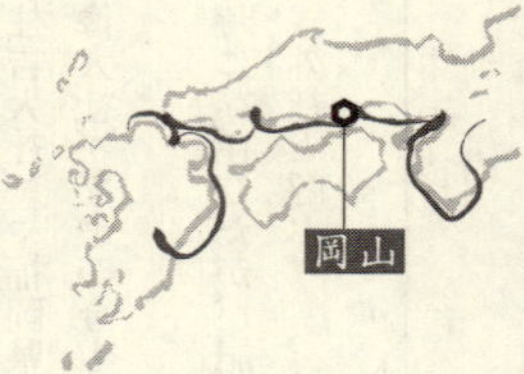

〈吉備高島宮跡、諸説紛々として、未だ一定する所なし。曰《いわ》く沼隈郡説。曰く神島説。曰く宮浦説。曰く高島山説〉

カムヤマトイハレビコノミコト（神武天皇）が滞在した高嶋宮（古事記の表記）について、昭和十二年に岡山県高島村（現在の岡山市中区）が発行した『高島村史』はそう書く。

四説のうち沼隈郡説は一一二ページで、神島説は一一六ページで紹介した場所で、宮浦説は児島湾に浮かぶ無人島の高島（岡山市南区）をその場所とする。同史が最も有力視しているのは高島山（岡山市中区）説。ＪＲ岡山駅の約五キロ北東の龍ノ口山（標高二五七メートル）一帯を指す。

岬のように南へ延びる山の尾根には現在、「吉備高島宮址」の碑と祠《ほこら》が建っている。

同史は、古くから高島の地名があったことや、備前国府の所在地だったといった理由を列挙し、こう記す。

〈吉備に於て拓殖最も早く開けたる地方にして、土地肥沃、穀物豊穣なり〉

昭和四十三年、岡山市北区の津島遺跡で、弥生時代前期の水田と集落の跡が、一緒の形では日本で初めて、発見された。旭川を隔てて東側の百間川遺跡群でも同時期の水田跡が見つかった。

いずれも吉備高島宮址から一望できる数キロ圏内で、吉備で最も早く稲作地帯が広がっていたことを明らかにした。

「弥生前期のナッツ類を貯蔵する穴も見つかっている。この地の人々は縄文時代からの採集生活を続けながら、稲作をしていたのでしょう」

岡山大埋蔵文化財調査研究センターの山本悦

世教授はそう話す。旭川下流域は、稲作には格好の土地だった。
中小の河川を張り巡らしたように流れるデルタ地帯（三角州）で、両遺跡は旭川の氾濫原《はんらんげん》に位置する。この地の人々は、微高地に集落をつくり、低地に水田を営んでいたのである。

〈三年を積る間に、舟檝《ふね》を脩《そろ》へ兵食を蓄《ふ》へ〉

日本書紀がそう書く高嶋宮の暮らしを、ここほど実現できる適地は、それほどない。
〈肥沃な備前平野を北に負ひ、児島湾一帯を物資供給の区域となし、且つ児島湾西方に往時水島灘に連絡した可航水路があった〉

こうした理由で、高嶋宮の場所を児島湾の高島（宮浦説）としたのは、昭和十五年に文部省が行った「神武天皇聖蹟調査」である。
「江戸時代に大規模な干拓が行われる前の児島湾は水島灘とつながり、高島は瀬戸内海の主要航路に浮かんでいた」と、郷土史家の井上敏志氏は話す。

高島には神武天皇を祭る高嶋神社があり、氏子たちが年に三回、島に渡って神事を行っている。

〈将に一たび挙げて天下を平こととむけむと欲す〉
高嶋宮でイハレビコは一気に天下を平定しようと考えた、と書紀は記す。そのための経済力を支えたのが吉備だったことを踏まえ、井上氏は言う。
「高嶋宮は複数あった方がかえって、史実に即しているように思います」

吉備国

律令国家体制が整って以降の国でいえば、備前、備中、備後、美作にまたがる地域に当たる。古代には大和、出雲、筑紫などと並ぶ有力勢力だった。

早くから大和政権と同盟して日本の統一、治世に貢献し、古墳時代から飛鳥時代まで繁栄した地方として重視された。

古事記にも度々登場し、十六代仁徳天皇の時代には、天皇がクロヒメを吉備から召したが、皇后イワノヒメノミコトの嫉妬と怒りを買い、やむなく吉備に帰したことが記されている。

二十一代雄略天皇の代には、勢力を大幅に削減された。

4 実務に長じた兄の支え

岡山市の中心地から約一〇キロ東に行けば、裸祭りで有名な西大寺に着く。ここから吉井川に沿って南下すると、珍彦《うづひこ》を祭る神前《かむさき》神社や、ウヅヒコが乗った亀だという亀石《かめいわ》がある。

ウヅヒコは日本書紀では、カムヤマトイハレビコノミコト（神武天皇）が海の難所、速吸之門《はやすひなと》を通過する際、水先案内をするために現れた漁人《あま》で、速吸之門は日向・美々津を出港した直後の豊予海峡と読み取れる。

同神社は、ウヅヒコが豊予海峡から絶えず、イハレビコに従い、航海の安全を図ったことを示唆している。

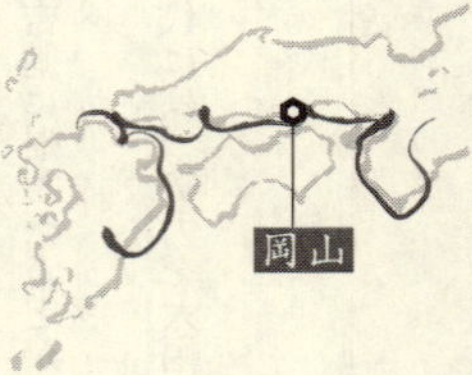

亀石の前の水門湾では旧暦の六月十五日、提灯《ちょうちん》を飾ったシャギリ船が笛や太鼓を鳴らしながら湾内を航行する満潮祭が行われる。シャギリ保存会副会長の成本道博氏は

言う。

「東征の船が台風に遭い、亀が先導して湾に避難させたといわれています」

祭りは、その伝承に基づいて行われている。

　水門湾から東へ約二キロ続く干拓地の最奥部。宮城山の中腹に鎮座する安仁《あに》神社（岡山市東区）も、イハレビコの随行者の存在を今に伝える。

　同神社の古代の名は「兄神社」。主祭神はイハレビコの一番上の兄、五瀬命《いつせのみこと》である。

〈末弟の若御毛沼命《わかみけぬのみこと》（神武天皇）と共に、日向国から大和国へと東進する途中に、神社近在へ数年間滞在される〉

　社伝はそう伝える。その伝承ゆえに、同神社は平安時代の「延喜式神名帳」では、格式の高い名神大社に列せられ、備前国一宮として隆盛した。

〈神倭伊波礼毗古命、其のいろ兄五瀬命と二柱、高千穂宮に坐して議り云りたまはく〉

古事記は、イハレビコがイッセと二人だけで、東征の相談をしたと記す。「なほ東に行かむと思ふ」。そう決意を打ち明けたのもイッセにである。イハレビコには三人の兄がいたが、古事記に度々登場するのはイッセだけ。特にイッセが重要な後ろ盾だったことがわかる。

そのイッセの吉備での様子を、社伝はこう書く。

〈住民の殖産事業を大いに奨励された〉

「稲などの栽培方法を研究するような地道な作業をしていたように思う。食糧庁長官のような役割を担っていたのではないか」

イッセについて、同神社の三原千幸宮司はそう想像する。

同神社のそばにかつてあった字名「稲戸」は、イッセが兵食を備蓄したことが由来。麻を植えて紡績し、東征のための服を作ったという場所には麻御山《おみやま》神社が鎮座する。東征のための船を造った大工に「御船」の姓を与えたという伝承も残る。

「段取り上手で、東征を切り盛りしていた様子がうかがえる。イハレビコの信頼が厚かったのだろうと思う」

〈五瀬命は厳稲《いづしね》（神聖な稲）の意味〉

本居宣長が『古事記伝』でそう書いた兄は、実務にもたけ、弟の大業を裏方で支えていた。

三人の兄

イハレビコは四人兄弟の末っ子で、長男・イツセ、次男・稲氷命《いなひのみこと》、三男・御毛沼命《みけぬのみこと》の三人の兄がいる。古事記は、天孫降臨に始まる日向三代の神話の最後に稲氷命は母・タマヨリビメの国である海原へ、御毛沼命は波頭を越えて常世国《とこよのくに》に渡ったと記す。

イツセは東征の途中で、大和の豪族・ナガスネビコとの戦いで命を落とす。日本書紀では、稲飯命《いなひのみこと》（稲氷命）と三毛入野命《みけいりののみこと》（御毛沼命）も東征に同行しており、ともに熊野の海でおぼれて世を去る。安仁神社では相殿神として稲氷命と御毛沼命も祭っている。

5

「国生み」伝わる家島で備え

〈港内が風波穏やかで、あたかもわが家のように静かであったので、「いえしま」と名付けられた〉

播磨灘の中央に位置する家島諸島（兵庫県姫路市）の総鎮守、家島神社の由緒にはそうある。

命名したのはカムヤマトイハレビコノミコト（神武天皇）。嵐に見舞われ、難を逃れるために家島本島に立ち寄った際のことだという。

イハレビコは、武運長久と航海の安全を祈願し、天神《あまつかみ》を祭った。これが同神社の始まりとされる。

「家島は湾が深く、水深もあって船を係留しやすい天然の良港。明石海峡を前に、船団を整えるには適していたでしょう」

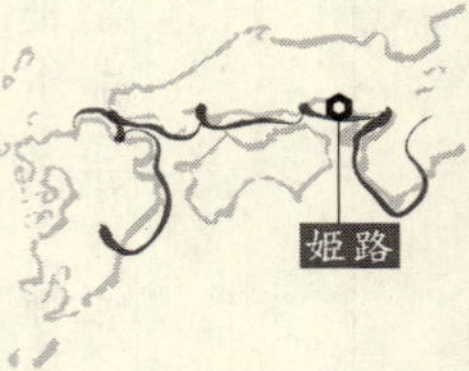

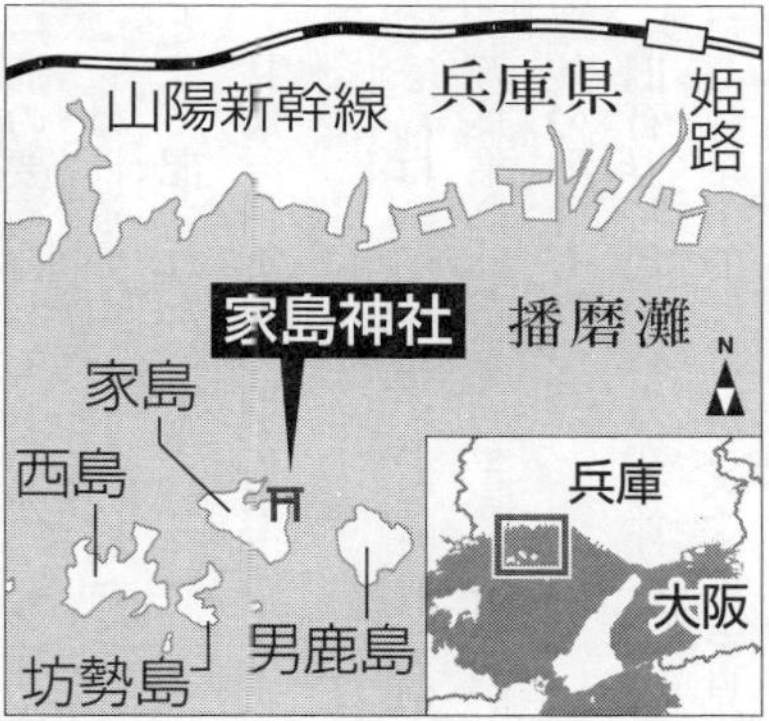

高島俊紀宮司は、そう推測する。

家島のもう一つの呼び名は「えじま」である。「今でも島の人々は、家島のことを『えじま』と呼ぶ」。高島宮司はそう話す。

この伝統は、日本書紀の記述に基づいている。書紀は、イザナキノミコトとイザナミノミコトの国生みについて十種類の別の伝承を書いているが、その一つにこうある。

〈一書《あるふみ》に曰く、磤馭慮《おのごろ》島を以ちて胞《え》と為《な》し、淡《あわ》路洲《ぢのしま》を生む〉

胞とは胎児を包む膜のことで、転じて兄の意味とされる。「えじま」は「胞島《えじま》」で、国生みに先立って生まれたオノゴロ島ではないか。そうした説が、島内では根強い。

家島本島の隣の西島の山頂には、「頂上岩」「てっぺん石」などと呼ばれる大岩があり、イザナキとイザナミが建てた「天の御柱」とする見方もある。

「海の要衝として家島が、（イザナキを先祖とする）中央の政権にとって大切だったことは間違いない。だからこそ家島神社が、平安期の『延喜式』に権威ある名神大社として記されたのです」

播磨学研究所の研究員、埴岡真弓氏はそう話す。

〈家島は　名にこそありけれ　海原を　吾《あ》が恋い来つる　妹もあらなくに〉

万葉集には、家島を詠んだ歌が少なくない。家島神社の敷地内には、妻を思う遣新羅使の歌碑も立つ。

「旧石器時代から人が途切れることなく住んできた島。古代の貴族も存在を知っていたし、軍事的には行き交う船を見張ることができた。これらがイハレビコの東征伝承と結びついたのかもしれません」

埴岡氏はそう語る。家島以東はもう畿内だ。記紀では、東征中の唯一の戦《いくさ》が行われる地域に入ることになる。

その入り口ともいえる瀬戸内海の難所、明石海峡は目前に広がる。

東征の故事を知って同神社を訪れると、感慨深い。同神社は、天神鼻と呼ばれる岬に立っているからだ。

「（家島神社は）海の静けさと厳しさのちょうど狭間に当たる。（建立場所は）あの場所でなければならなかったと思う」

家島公民館の館長、原山敏光氏はそう話す。

国生みの伝承も残り、海上からはまるで村のように見える家島を発って、東征はいよいよ正念場を迎える。

どんがめっさん

家島の出入り口の一つ、真浦港にある亀の形をした大岩。伝承は、この亀がかつて家島の白髪白髭の老人に仕えていたと伝える。

ある日、船団に水先案内人を頼まれ、亀は老人を乗せて難波へ向かった。現地で活躍し、先に帰った亀は海辺で老人の帰りを待ち続けた。しかし、老人は戻らず、やがて亀は石になってしまった。

老人は、古事記では明石海峡で亀に乗って現れ、イハレビコの水先案内をした槁根《さをね》津《つ》日子《ひこ》をほうふつさせる。伝承は、東征での家島の役割を伝えているようでもある。

神島神社境内に立つ
神武天皇像

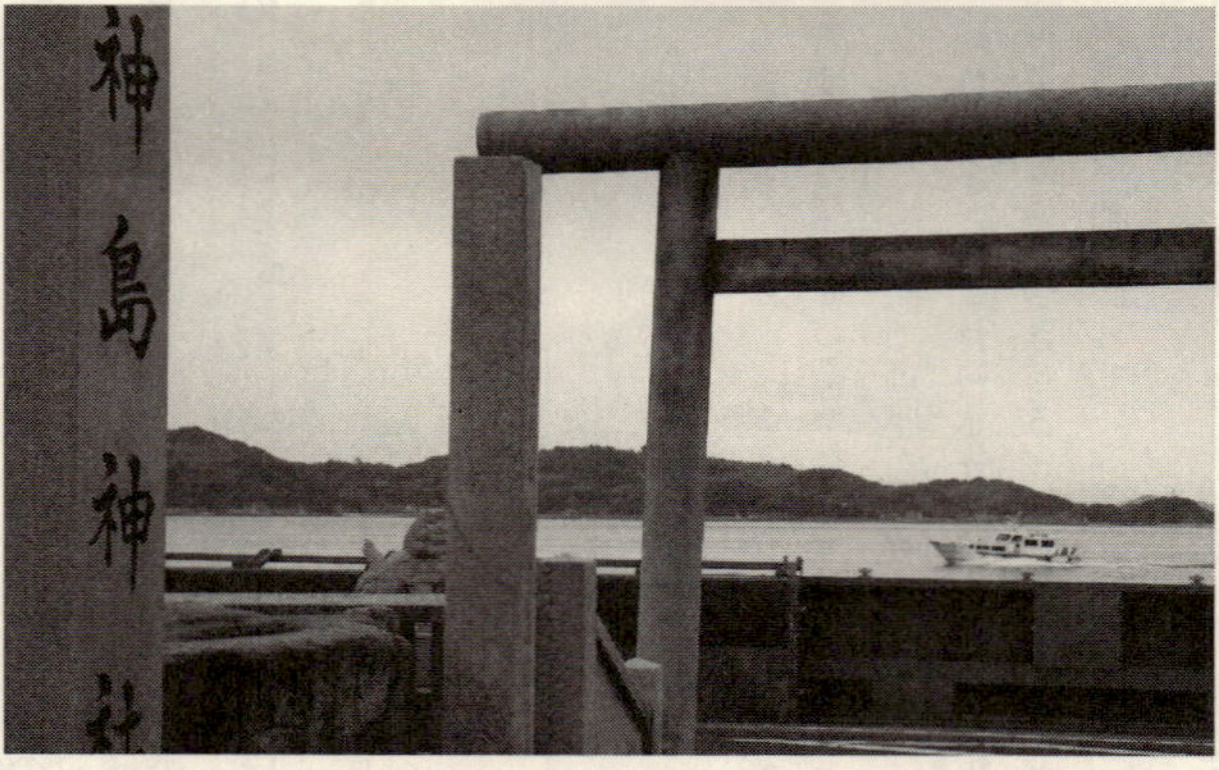

神島神社から望む高島（奥）。オキヨヒメの思いがしのばれる（岡山県笠岡市）
本文 119 ページ

第六章 浪速の海

生駒越えで初めての敗退
長兄を失い、失意のなか
南に迂回する

1 明石海峡の潮流知り畿内へ

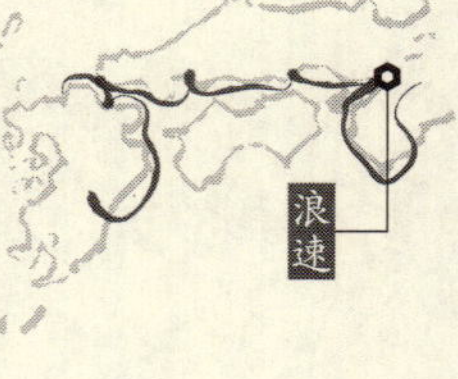

〈其の国より上り幸《い》でます時に、亀の甲に乗り、釣り為《し》つつ打ち羽挙《はふ》き来る人、速吸《はやすひ》門《のと》に遇《あ》ふ〉

其の国、つまり吉備国を出発したカムヤマトイハレビコノミコト（神武天皇）について、古事記はそう書き出す。速吸門は日本書紀では速吸之門と書かれ、豊予海峡を指すが、古事記では明石海峡として書かれている。

「汝《な》は誰ぞ」

イハレビコが問うと、釣り人は答える。

「僕《やつかれ》は国つ神なり」

「汝は、海つ道《ぢ》を知れりや」

「能《よ》く知れり」

「従ひて仕へ奉《まつ》らむや」
「仕へ奉らむ」
釣り人は船に引き入れられ、操船の棹《さお》を意味する槁根津日子《さをねつひこ》の名をもらった、と古事記は記す。

「大阪湾は満ち潮だと時計回り、引き潮では反時計回りの潮流が発生して操船が難しい」と、神戸商船大（現在の神戸大海事科学部）の松木哲名誉教授は話す。イハレビコは幸先良く、潮流を熟知する海の民を得て、大阪湾に入ったのだ。

サヲネツヒコがいなければ畿内上陸ができなかったことをうかがわせるのは、日本書紀の記述である。

〈方《まつ》に難波《なには》の碕《みさき》に到るときに、奔潮《はやなみ》有りて太《はなは》だ急《はや》きに会ふ〉

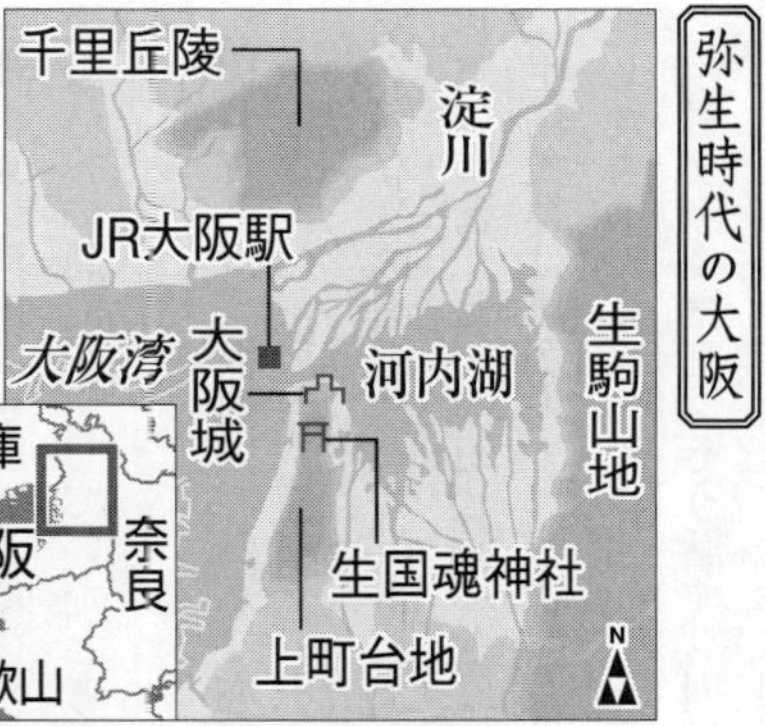

※大阪文化財研究所提供資料を基に作成

難波の碕とは、現在の大阪城から南に延びる上町台地で、弥生時代にはすぐ西に大阪湾、東に河内潟が広がっていた。北が潟口で、当時は引き潮のたびに、河内潟から大阪湾への急流が生じていたと考えられる。その様子を踏まえて、日本書紀はこう書く。

〈因《よ》りて名《なづ》けて浪速国《なみはやくに》と為《い》ふ。亦浪花《なにはな》と曰《い》ふ。今し難波と謂《い》へるは訛《よこなま》れるなり〉

上陸したイハレビコはこの地に、生島大神《いくしまのおおかみ》と足島大神《たるしまのおおかみ》を祭った。「生玉《いくたま》さん」として有名な生国魂《いくくにたま》神社（大阪市天王寺区）の起源である。同神社は豊臣秀吉の大坂城築城まで、海に近い上町台地の北端に鎮座していた。

「生島大神は島が生まれる状態、足島大神は島として成長、充足していく状態を神格化したものと考えられます」

中村文隆権禰宜《ごんねぎ》はそう話す。同神社では鎌倉時代まで、天皇の御衣を海に向かって振り、大八洲《おおやしま》の霊を身に付ける即位儀礼「八十島《やそしま》祭」が行われていた。この儀式のために奈良時代の歴代天皇が即位の翌年、難波に行幸したことは『続日本紀』に記されている。

「生島、足島の神名は、国生み神話にも通じる」と中村氏は言う。急流に洗われ、淀川や大和川が運ぶ土砂によって陸地化していった上町台地周辺が、古事記が記す国生み神話を思わせる、という指摘である。

「是のただよへる国を修理《をさ》め、固め成せ」

まだ漂っている状態の国土をしっかり固めよ、と天の神々はイザナキノミコトとイザナミノミコトに命じた、と古事記は書く。日本誕生を連想させる地から、イハレビコは畿内に入ったのである。

広がる河内潟

太古の大阪は、河内湾と呼ばれる海が生駒山の麓まで広がっていた。縄文時代の約六千年前がピークとされる海水面の上昇が原因で、生駒山西麓の大阪府東大阪市ではマッコウクジラの骨が発見されている。

大阪文化財研究所によると、縄文時代晩期にかけて、上町台地の北側に位置する河内湾と大阪湾の連絡口が狭まり、干潟が広がって河内潟となる。さらに弥生時代中頃までに河内湖となり、やがて平野化する。十六代仁徳天皇は、河内の治水のために大阪湾に水を逃がす「難波の堀江」を開削した。

2 豪族に阻まれた生駒越え

〈三月の丁卯《ていぼう》の朔《ついたち》にして丙子《へいし》に、遡流而上《かはよりさかのぼ》り、径《ただ》に河内国の草香邑《くさかのむら》の青雲の白肩津に至ります〉

難波《なには》の碕《みさき》で祭祀を行ったカムヤマトイハレビコノミコト（神武天皇）は、現在の東大阪市の日下あたりに到達したと日本書紀は記す。目の前に迫る生駒山を越えれば、日向でシオツチヒコに「東に美地《うましつち》有り。青山四周《あをやまよもにめぐ》れり」と教えられた大和の地である。

〈此の時に、登美能那賀須泥毘古《とみのながすねびこ》、軍を興し、待ち向かへ戦ふ〉

徒歩で生駒越えを試みる一行を先住民のナガスネビコが待ち構え、戦を仕掛けた、と古事記は記す。

ナガスネビコが軍を興した理由は、日本書紀にこう書かれている。

〈夫《そ》れ天神《あまつかみ》の子等《みこたち》の来ます所以《ゆゑ》は、必ず我が国を奪はむとならむ〉

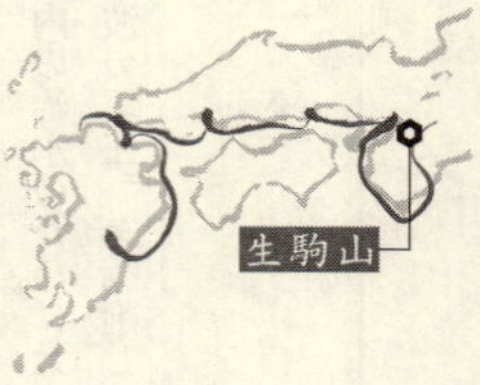

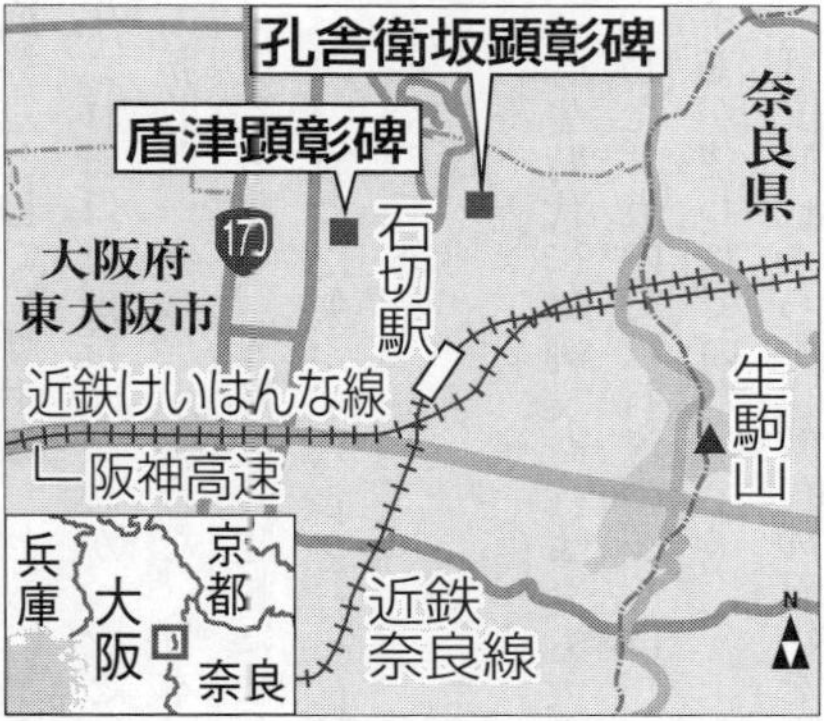

　ナガスネビコは生駒山の東、現在の奈良県生駒市付近に住む豪族で、海を渡ってきた一団が国を奪いに来ると考え、生駒山の山上から迎え撃とうとしたのである。東征で初めての戦いが行われた場所は孔舎衛坂《くさえのさか》（東大阪市）。生駒山の西側で、現在は聖蹟伝承地として石碑が立つ。

「山上から下へ攻めるのですから、ナガスネビコの方がイハレビコの軍よりも当然有利だったはず」と、生駒市で観光ボランティアガイドを務める田中芳典氏は話す。

〈長髄彦《ながすねびこ》本拠地碑〉

そう書いた石碑が立つ生駒市北部には勝鬨《かちどき》坂の伝承地も残る。イハレビコ一行を撃退したナガスネビコが勝ちどきを上げた場所とされる。

　長髄彦は日本書紀での表記で、スネが長い男という字句に、大阪市立大の毛利正守名誉教授は注目する。

「日本書紀では後に、土蜘蛛と呼ばれる民も抵抗勢力として登場する。ともに手や足が長いことを蔑視した呼称で、そうした憎悪が生まれるほど抵抗が激しかったということでしょう」

勝敗は一本の矢が決めた。日本書紀はその様子をこう書く。

〈流矢《いたやぐし》有りて、五瀬命《いつせのみこと》の肱脛《ひぢ》に中《あた》り、皇師《みいくさ》進戦《すすみたたか》ふこと能わず〉

敵の放った矢がイハレビコの長兄のイツセのひじに当たり、天皇軍は進撃不能になったのである。

「弥生時代には縄文時代よりも大きく重い石鏃《せきぞく》（石の矢じり）が作られるようになりました。畿内では石鏃の多くは、大和と河内にまたがる二上山から産出されたサヌカイトが使われていた」

縄文時代から弥生時代の石鏃を展示する東大阪市立郷土博物館学芸員の中西克宏氏はそう話す。サヌカイトは鋭い断片に加工でき、大きいものは鉄などの金属と同等の殺傷力を持った。

「この地の有力者なら当然、サヌカイトの石鏃を使用していたでしょう」と二上山博物館（奈良県香芝市）学芸員の佐藤良二氏は言う。

〈却《かへ》りて、草香津に至り、盾を植《た》て雄誥《おたけび》したまふ〉

イハレビコは現在は盾津顕彰碑が立つ白肩津まで退却し、士気だけは鼓舞した、と日本書紀は書く。

日下之直越道

大阪湾方面から生駒山を越える道としては、奈良県生駒市と大阪府東大阪市との境にある暗峠《くらがり》が有名。しかし、イハレビコが越えようとしたのは「日下之直越道《くさかのただこえみち》」と呼ばれる峠とされる。近鉄石切駅の北側から入り、生駒市の北部に抜ける。

沿道には「孔舎衛坂」の顕彰碑が残るほか、イッセが負傷した「厄山」の碑や傷口を洗ったとされる龍の口霊泉などが残る。

現在はハイキングコースとして複数のルートがあり、境内に「神武天皇御東征孔舎衛坂古戦場」の碑が残る春日神社も登り口の一つ。

3

一時撤退、太陽の神威を背に

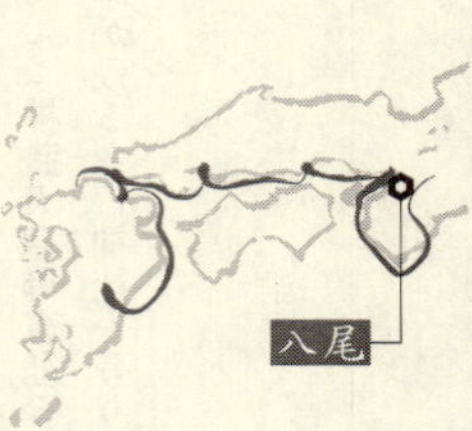

〈上古、神武天皇日向国より岩船の山へ越給ふ時、当国ながすねひこおそい奉りしに、当郷の大竹藪《やぶ》の中へ入りたまひ、しばらく皇居成《なし》給ふ〉

大阪府八尾市の竹渕《たこち》神社の『竹淵郷社縁起』（江戸時代）にはこう書かれている。

生駒山を越えようとしてナガスネビコに阻まれ、カムヤマトイハレビコノミコト（神武天皇）らが一時撤退した場所と伝承されるのが同神社である。

「岩船の山」とは、ここから東に見える生駒山地の北部のこと。今は住宅地にある境内は近年まで、四方を水堀に囲まれて鬱蒼《うっそう》としていた。

「神社の森は水田地帯にあったので、遠くからも目立っていた。堀を渡ると樹木が茂って暗く、とても気味が悪かった」

同神社の代表総代で、昭和五年生まれの杉山吉徳氏は、子供のころの記憶をそう話す。イハレビコの時代にはさらに、避難するには格好の場所だったことだろう。

ナガスネビコ軍の矢が当たり、負傷したイハレビコの長兄、五瀬命《いつせのみこと》は悔恨を込めてこう語った、と古事記は記す。

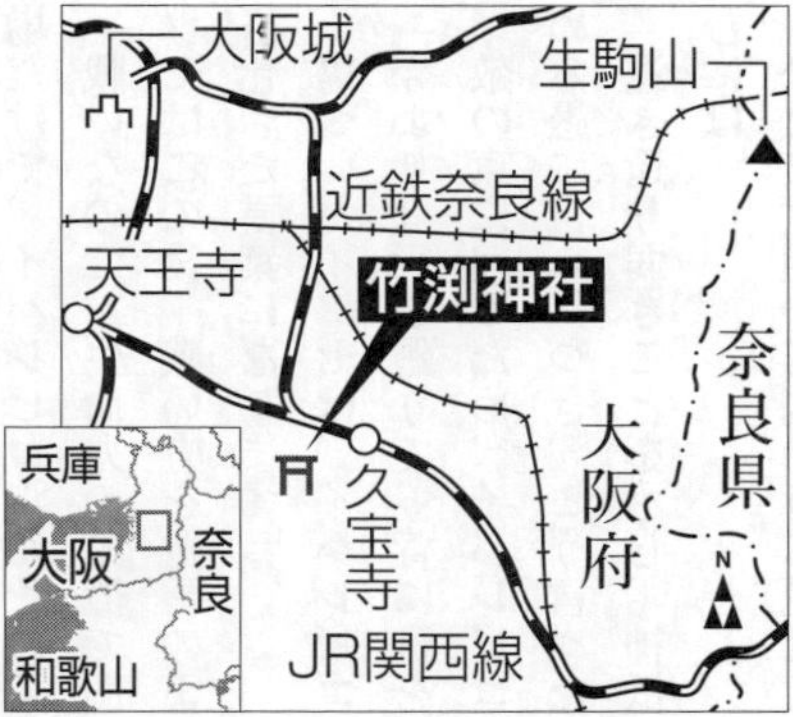

「吾《あ》は日の神の御子《みこ》と為《し》て、日に向かひて戦ふこと良くあらず。故《かれ》賤《いや》しき奴《やっこ》が痛手を負ひぬ」

自分は天照大御神《あまてらすおおみかみ》の子孫であるのに、太陽が昇る東に向かって戦ったため、痛手を負ってしまったと悔いているのだ。

「古事記には、天照大御神の名が三十二回登場するが、日の神と表記されるのはここだけ。太陽神としての存在を強調していることに意味がある」

大阪市立大の毛利正守名誉教授はそう指摘する。天照大御神は、天岩屋戸隠れ神話で太陽神であることが書かれているが、古事記は戦いの場だけで、イハレビコらがその子孫と強調するのである。

「戦いなので、生命力の象徴である太陽の御子であることを強調したのでしょう。イツセはこの後、戦い方を遺言のように語りますが、日の神の御子として語ることで神格化した言葉になります」

傷ついたイツセは、イハレビコにこう話した、と古事記は記す。

「今よりは行き廻りて、背に日を負ひて撃たむ」

敵の東に回るため、イハレビコが策を巡らせたと書くのは日本書紀である。東に攻める愚に自ら気づき、こう言ったとする。

「退き還り弱きことを示し、神祇《あまつかみ》を例祭《ゐやびまつ》り、背に日神の威を負ひ、影の随《まにま》に圧《おそ》ひ躡《ふ》まむには」

ひとまず退いて弱そうに見せ、神々を祭り、日の神の神威を背に敵を倒そうというのである。撤退戦に限っては、策は当たった。

ナガスネビコが追撃せず、イハレビコは重傷のイツセを連れて海に逃れることができたからである。

〈ながすねひこが目には、深き淵の中へ入り給ふ神変と恐奉りて逃失ける〉

ナガスネビコが追撃しなかった理由を、『竹淵郷社縁起』はそう書いている。

日の御子と稲作

　天照大御神の孫で高千穂峰に降臨したニニギノミコトは、古事記では「天邇岐志国《あめにきしくに》邇岐志天津日高日子番能邇々芸命《にきしあまつひこひこほのににぎのみこと》」と書かれる。高天原《たかまがはら》にも葦原中国（あしはらのなかつくに）にも親しく、天の日（太陽）を仰ぎ見て、稲穂が豊かに実っている――といった意味が込められている。

　ニニギのひ孫に当たるイハレビコと三人の兄の名も稲作と関係が深く、長男の五瀬命は斎稲《いつせ》、次男の稲冰命《いなひのみこと》は稲飯《いなひ》、三男の御《み》毛沼命《けぬのみこと》とイハレビコの幼名の若御毛沼命のミケは御禾《みけ》（穀物）の意と解される。いずれも太陽の御子と稲作の深い関係を記紀は示している。

4 兄の無念 終焉の地に広がる

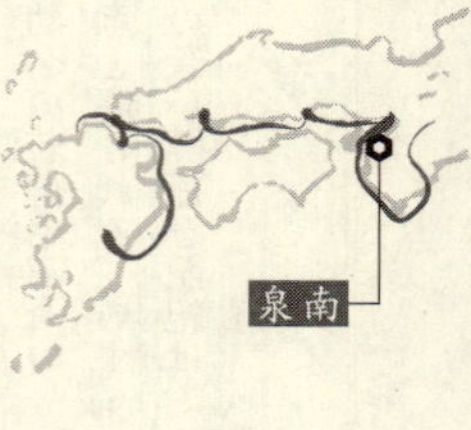

〈「賤《いや》しき奴が手を負ひてや、死なむ」とのりたまひ、男建《をたけび》して崩《かむあが》りましぬ。其の水《みな》門《と》を号《なづ》けて男水門《をのみなと》と謂《い》ふ〉

ナガスネビコとの戦いで矢傷を負った五瀬命《いつせのみこと》の最期について、古事記はこう書く。その終焉《しゅうえん》の地とされる場所に建つのが男《おの》神社（大阪府泉南市）である。「おたけびの宮」とも呼ばれるのは、イツセが無念の思いを「男建」して亡くなったことに由来する。

「本当にご祭神が亡くなったといわれるのはお宮から一キロほど北。摂社浜宮が建つところです。今は周囲は住宅街ですが、当時は砂浜だったそうです」

イツセと弟のカムヤマトイハレビコノミコト（神武天皇）を本殿に祭る神社の菅野洋子宮司はそう話す。

現在、神社がある地名も「男里」。イッセの無念を伝える文物は神社の周辺一帯だけでなく、隣接する阪南市にまで広がっている、と菅野宮司は語る。

「両市域にまたがって七塚と呼ばれる塚があり、今も三カ所で残っています。ご祭神とともに傷つき、亡くなったご家来衆の塚で、近年まで七塚参りを行う習慣があったそうです」

〈南の方より廻り幸《い》でます時に、血沼《ちぬ》の海に到り、其の御手を洗ひたまふ。故血沼の海と謂ふ〉
男水門に至るまでのイッセについて、古事記はこう記す。チヌはクロダイの別名としても残り、大阪湾は古来、クロダイが豊富でチヌの海と呼ばれた。血が穢《けが》れではなく、豊かさにも通じるものとして描かれている点で、この記述は興味深い。
「日本人や神道は奈良、平安時代には血を忌むようになるのですが、それがいつ始まったかははっきりしない。ただ、狩猟採集生活をしているころには血を忌み嫌うはずがない」

そう話すのは立正大の三浦佑之教授である。

「古事記が書いているのは、まだ漢字が伝わっていない時代の出来事。音だけで伝わっていた言葉に編纂時、『血沼』の漢字を充てたことは確かで、それをどう解釈するかでしょうね」

イッセの最期を伝える記述は、日本人の価値観の変遷をも伝えている可能性があるのである。

「地元では、ご祭神は上陸して、山の井の水で傷口を洗ったと伝承されています。村人たちが介抱し、ご祭神の右側で手当てをした家は右座、左側にいた者の家は左座をそれぞれ名乗っていました」

菅野宮司はそう語る。座の家は男子が続く限り、その名称を守り、明治期以前まで神社の神職も務めたという。

伝承では、村人たちの介抱でイツセは、船出できるまでに回復した。別れを惜しむ村人らに、イツセは石を与えて、こう言った。

「これ、わが御霊として祭れ。されば末永く、汝らの子孫を守らん」

この伝承は、イツセの陵を紀国の竈山《かまやま》とする古事記の記述とも一致する。浜宮は今、市民が植林した三千坪の松林に鎮座している。

血沼の海

古事記で血沼の海、男水門とされる地名は日本書紀では、茅渟《ちぬ》の山城水門《やまきのみなと》と書かれ、山井水門《やまのいのみなと》とも呼ばれる、と記されている。この山井は、泉南市の伝承と符合し、イツセが上陸して介抱を受けた伝承を裏付けている。

同市内には平安時代中期の創建と伝わる茅渟神社もある。神社の由緒では、イツセが山井水門に船をとどめ、傷ついた兵とともに傷を洗うと、水が血の色に変わって海に注ぎ、血の沼となって血渟《ちぬ》、茅渟となった、とある。神社には現在、釣り愛好家が数多く、供養と安全祈願に訪れる。

5 失意のなか さらなる南下

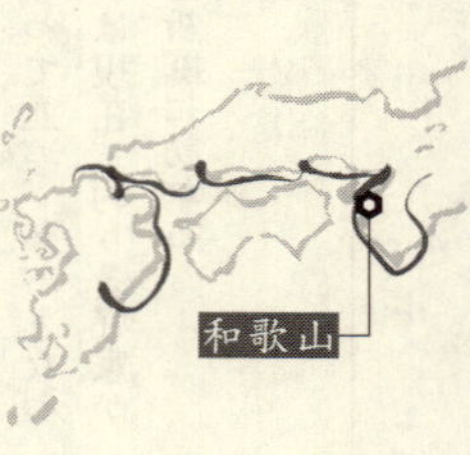

カムヤマトイハレビコノミコト（神武天皇）の長兄、五瀬命《いつせのみこと》が無念のおたけびを上げた男水門《をのみなと》には、男《おの》神社（大阪府泉南市）のほかにもう一つの候補地がある。

紀の川河口近くにある水門吹上《みなとふきあげ》神社（和歌山市小野町）がそれで、ここにも「神武天皇聖蹟男水門顕彰碑」が立つ。

〈陵《みはか》は紀国の竈山《かまやま》に在り〉

古事記は、亡くなったイツセについてそう記す。その陵とみられる円墳が本殿の裏にあり、イツセを祭る竈山神社（和歌山市和田）が近くにあることが、紀の川河口説の根拠である。

「神社周辺には木野、笠野、鵜飼の三家があり、代々、竈山のお墓を守ってきたそうです」

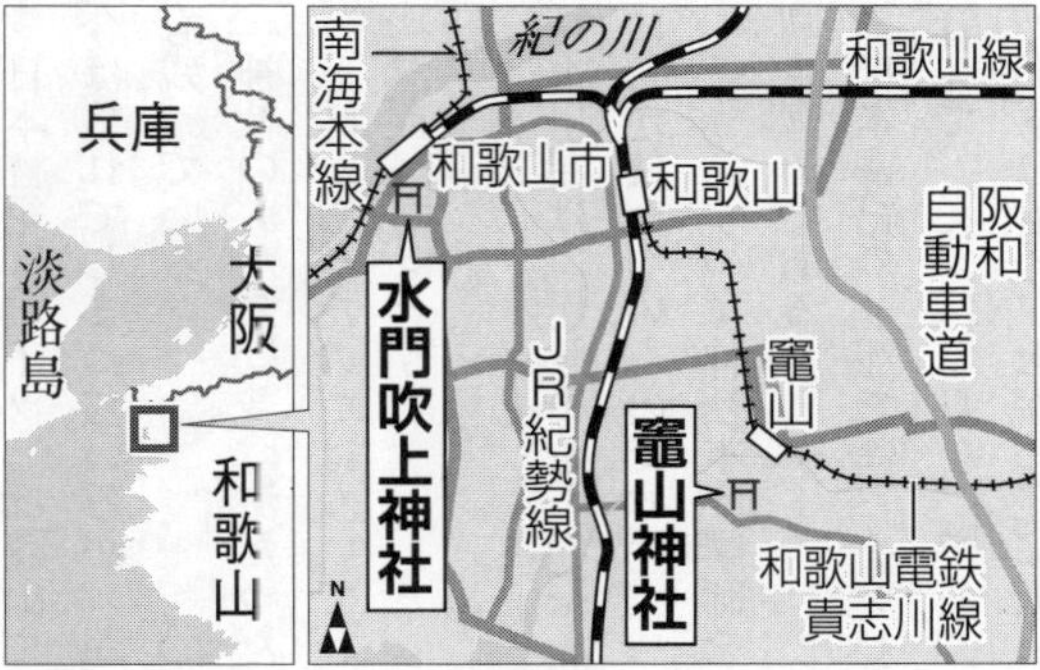

竈山神社の吉良義章宮司はそう話す。かつては鵜飼家が代々、神職を継承してきた。現在も氏子の多くが、この三家と同じ名字を名乗る。

三家の一つ、笠野家に伝わる口伝は、イツセが傷ついたナガスネビコとの戦いの様子を伝えるものとして貴重である。

〈神武一行が船から上陸しようとする度に、生駒山上からのろしが上がり、それを合図に攻撃された。そのためになかなか地上で戦うことができなかった〉

〈御船に入れたる楯を取りて、下り立ちたまひき〉

古事記がそう書くイハレビコの苦戦ぶりを、口伝は敗因も示唆する形で伝えている。

〈進みて紀国の竈山に到りて、五瀬命軍《いくさ》に薨《かむさ》りましぬ。因りて竈山に葬りまつる〉

日本書紀は、イツセは竈山まで進軍した軍中で亡くなったと記す。同神社の横には、今は枯れてしまっているが、かつては桜川という川が流れ、イツセが傷を洗った伝承も残っている。

「神社のあたりは昔、海だったそうです。和田という地名もワダツミ、つまり海という意味からきたのではないでしょうか」

吉良宮司はそう話す。

「古事記は『崩《かむあが》りましぬ』や『陵』という表現をイツセに用いているが、元来は天皇にしか使わないものです」

そう話すのは神社本庁講師を務めたこともある藤白神社（和歌山県海南市）の吉田晶生宮司である。

「日本書紀の一部では、イツセを『彦五瀬命』としている。彦とは立派な男子という意味で、元来は『日子』であったともいわれます」

いずれもイツセが、後に天皇となるイハレビコに次ぐ尊い存在だった可能性の指摘である。記紀がイツセの死に紙幅を割き、伝承地が各地に残る理由はここにある。

「慨哉《うれたきかや》、大丈夫《ますらを》にして虜《あた》が手を被《お》傷《や》ひ、報いずして死みなむこと（ああ、いまいましい。大丈夫でありながら賊に手傷を負わされ、仇も討たずに死ぬとは）」

イッセはこう言って最期を迎えた、と日本書紀は書く。

自負と闘志があふれ、頼りがいのある長兄を失って、イハレビコは失意のなかで、さらに南へ向かう。

竈山神社

主祭神はイッセだが、イハレビコら兄弟のほか、東征に従軍した随身らも祭っている。本殿は小高い丘の上にあり、その後背に、宮内庁がイッセの墓としている円墳がある。墳丘は直径約六メートル、高さ約一メートル。

イッセの命日とされる五月八日には神社による雄誥祭《おたけび》が、五月一日には宮内庁による命日祭が行われる。イッセは、国の平和や発展の神とされる。

男水門の地とされる水門吹上神社にはかつて、「雄たけびの松」と呼ばれる古木があったが、太平洋戦争の戦火で焼失した。

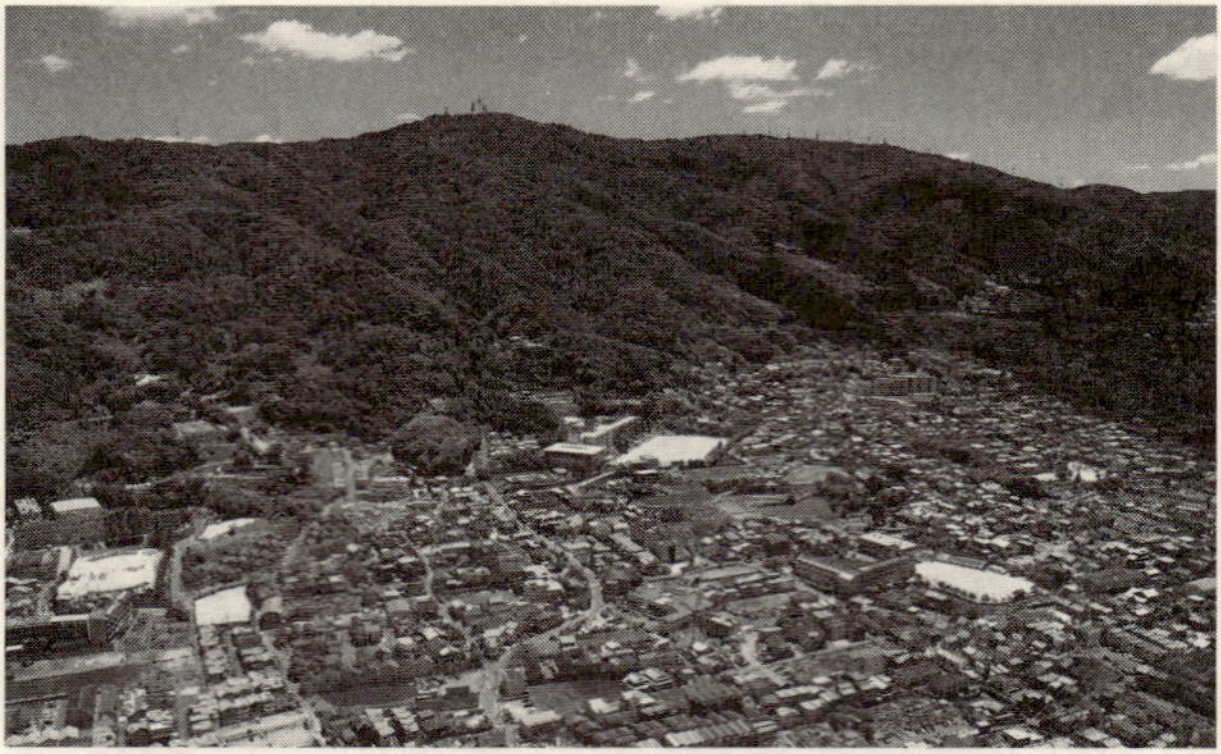

東大阪市から望む生駒山。イハレビコは山越えをナガスネビコに阻まれた（産経新聞社ヘリから）本文 140 ページ

イツセを祭る竈山神社。平和や発展の神として信仰を集めている（和歌山県和歌山市）本文 152 ページ

第七章

紀和の道

天つ神の御子として
八咫烏に導かれて
熊野の山を越えていく

1 物資運搬の要衝 最初の勝利

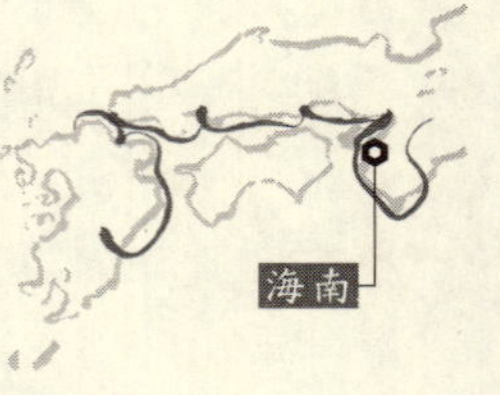

〈故神倭伊波礼毗古命《かれかむやまといはれびこのみこと》、其地《そこ》より廻り幸《い》でまして、熊野の村に到る時に〉

紀国・竈山《かまやま》に兄の五瀬命《いつせのみこと》を葬った後のカムヤマトイハレビコノミコト（神武天皇）について、古事記はそう書くのみだが、日本書紀は熊野に着くまでの苦闘を記述している。

〈軍名草邑《なぐさのむら》に至り、則ち名草戸畔《とべ》といふ者を誅《う》つ〉

現在の和歌山市内の名草山付近に勢力を持つ名草戸畔という首長を討伐したというのである。生駒越えをしようとして初めて戦《いくさ》を行い、敗退したイハレビコにとっては、最初の勝利である。

その詳細は書紀も書いていないが、名草戸畔の頭《こうべ》を祭るとされる宇賀部《うがべ》神社（和歌山県海南市小野田）にはこんな伝承が残る。

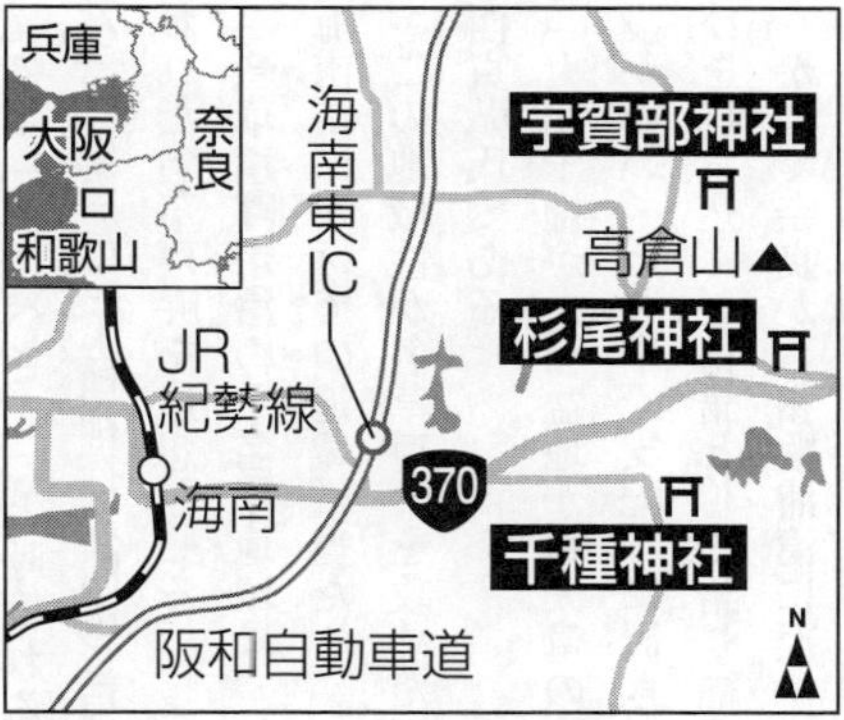

〈「毛見ノ浜」に上陸した東征軍は、迎え撃つ名草戸畔の軍勢と死闘を繰り広げた〉

イハレビコは、現在の和歌山市毛見、浜の宮海岸付近に上陸し、名草戸畔と交戦した。

海岸付近には、この故事を示す地名も残る。入り江の「琴の浦」は「事の起こりの浦」、隣接する海南市の「船尾」は、イハレビコの船が出て行くように見せかけて船尾から着岸した名残と伝わる。

「名草戸畔はかなり抵抗し、死後は慕っていた村人が頭を持ち帰り、神社の裏山に埋めたと伝わります」

同神社の小野田典生宮司はそう話す。名草戸畔は現在の海南市の高倉山周辺まで追い詰められて討たれた。

その頭部を祭ったとされるのが同神社で、地元では「おこべさん」と呼ばれる。胴を祭る杉尾《すぎお》神社（海南市阪井）は「おはらさん」、足を祭る千種《ちぐさ》神社（同市重根）は「あしがみさん」。伝承と通称が、村人らに慕われた名草戸畔を連想させる。

名草戸畔が治めた名草地域は、和歌山県の旧名草郡とみられ、現在の和歌山市から海南市にかけての地域に当たる。

この地域性が名草戸畔を攻めた理由、と指摘するのは有田市郷土資料館学芸員の寺西貞弘氏である。

「大和王権が大和盆地から大量の物資を運ぶとなると、当時は紀の川を使う以外に手段がない。いち早く支配下に置きたかったでしょうし、そのことが、地元勢力にくさびを打ち込んだ物語として語り継がれているのではないか」

かつて奈良から和歌浦湾に至っていた紀の川は、四十五代聖武天皇が平城京から和歌浦に行幸した際にも物資運搬などに使用されたという。

こうした歴史も加味すれば、イハレビコの東征は畿内に入って、文明伝播から国土平定へと重点を変えつつあったのだろう。

海南市の観光ガイドブックには、名草戸畔を連想させる大蛇が紀の川河口に流れついた伝説が載っている。

〈人々はこの大蛇を神の化身として頭部、腹部、脚部の三体に分け、それぞれを三つの神としてお祭りした〉

「名草戸畔の名は伏せられ、現在はほとんど知られていません」

小野田宮司はそう話す。

小野田寛郎氏と名草戸畔

名草戸畔の口伝を受け継ぎ、著書『生きる』（ＰＨＰ研究所）で書いているのは小野田寛郎氏（平成二十六年、九十一歳で死去）である。

先の大戦でフィリピン・ルバング島に派遣され、終戦後も任務解除命令を受けなかったため約三十年間、現地で任務を遂行した小野田氏は和歌山県出身。宇賀部神社の小野田典生宮司の父親のいとこに当たる。

小野田氏は、名草戸畔は戦死したとする一方で、〈（名草の軍勢は）神武軍を撃退した。それでやむなく神武軍は、紀伊半島を迂回《うかい》して熊野に入らざるを得なかった〉と記している。

2 荒れる海 二人の兄を失う

〈海中《わたなか》にして卒《にわか》に暴風《あからしまかぜ》に遇ひ、皇舟《みふね》漂蕩《ただよ》ふ〉

日本書紀がそう書くのは、カムヤマトイハレビコノミコト（神武天皇）が狭野（現在の和歌山県新宮市）を越え、熊野の神邑《みわのむら》（同）からさらに東に向かったときである。

これが東征で最大の海の難事だったことは、イハレビコの二人の兄、稲飯命《いなひのみこと》（稲氷命）と三毛入野命《みけいりののみこと》（御毛沼命）がここで離脱したことでもわかる。

「嗟乎《ああ》、吾が祖は即ち天神《あまつかみ》、母は即ち海神《わたつみ》なり。如何《いかに》ぞ我を陸《くが》に厄《たしな》め、復《また》我を海に厄むる」

次兄の稲飯命は、貴い血筋であるにもかかわらず、陸でも海でも苦しめられることを嘆き、剣を抜いて海に入り、鋤持神《さひもちのかみ》（鋤のような鋭い歯を持つサメの神）となった。

三兄の三毛入野命も「わが母と伯母は海神なのに、海はどうして波を立てて溺れさせ

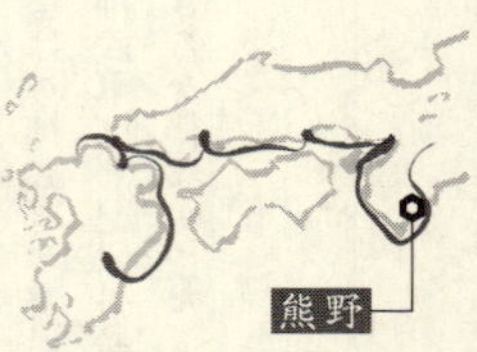

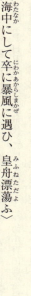

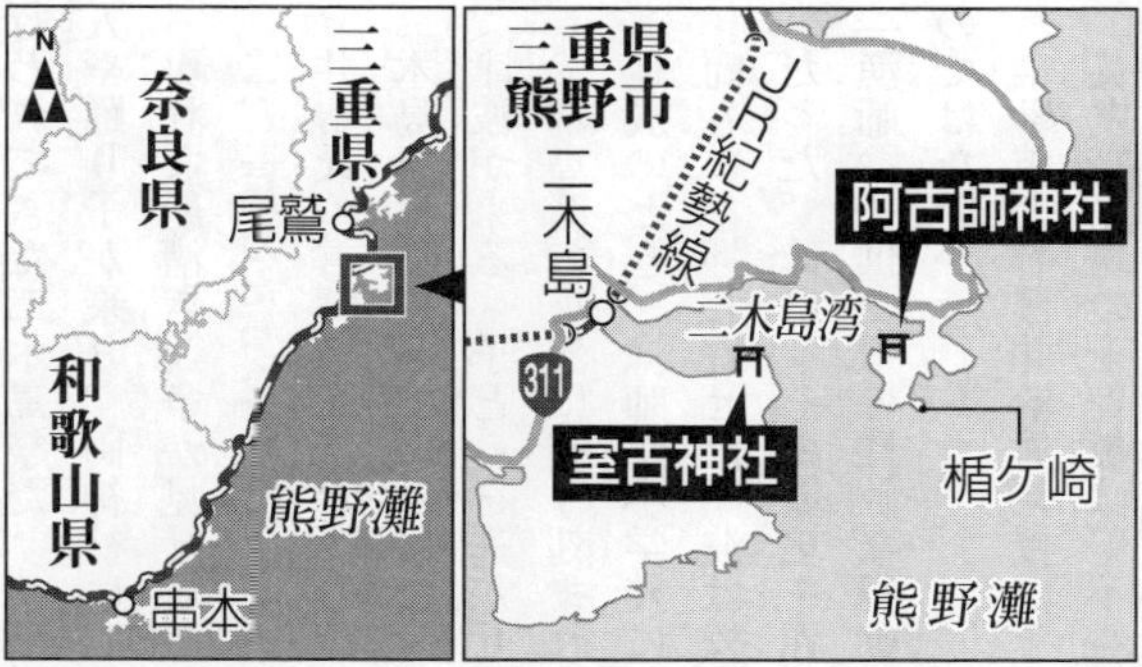

るのか」と恨み、波頭を踏んで常世郷《とこよのくに》へ行く。

イハレビコは紀国に葬った長兄の五瀬命《いつせのみこと》に続き、二人の兄を失ってしまったのだ。

〈天皇独《すめらみことひと》り、皇子手研耳命《たぎしみみのみこと》と軍《みいくさ》を帥《ひき》ゐて進み、熊野の荒坂津《あらさかのつ》に至る〉

三重県熊野市の二木島《にぎしま》湾。捕鯨やサンマ漁で知られるこの地は、日本書紀が書く「荒坂津」とされる。

二つの岬が向かい合って良港を形成し、牟《む》妻《ろ》崎に鎮座する室古《むろこ》神社には稲飯命が、英《あ》虞《ご》崎に佇《たたず》む阿古師《あこし》神社には三毛入野命が祭られている。

「土地の者が船を漕《こ》ぎ、漂流する神武天皇を助けたと伝えられています」と、両神社の前氏子総代、井本勝行氏は話す。

その様子を再現したのが、毎年十一月に盛大に行われてきた二木島祭だ。八丁櫓の関船二艘それぞれに、厳しい斎戒《さいかい》を課せられた禱《とう》人《ど》や踊り子が乗り、両神社に渡船して儀式を行う。白木綿の胴巻きを締めた男衆による勇壮な船漕ぎ競争が見せ場だ。

「二、三馬力だった昔のエンジン船より、よっぽど早かった」

井本氏の言葉に、伝承への誇りがにじむ。が、過疎が進み、平成二十二年を最後に二木島祭は休止している。

〈津波が来る　子どもを逃がせ〉

二木島湾の集落にそう刻まれた碑が立っている。昭和十九年十二月に発生した東南海地震のとき、漁師が小学校に駆け込んでそう叫んだ。

間もなく押し寄せた津波は校舎をのみ込んだが、児童ら約三百人は高台に逃げて無事だった。碑は、その歴史を顕彰している。

「漁師や子供たちの機敏な行動には、海の危険を伝える神武伝承が大いに役に立ったのではないか」

皇学館大の櫻井治男教授はそう推察する。

英虞崎先端の千畳敷は、イハレビコが命からがら漂着した地とされる。荒波に洗われる奇岩地帯で、高さ七〇メートルの柱状節理の岸壁・楯ケ崎が最先端にあり、好天でも波が高い。
「海には慣れているはずの兄たちでさえ溺れさせた悲劇の海ですね」
櫻井氏がそう言う海で、イハレビコは船を捨て、陸路に入る。

常世に通じる熊野

稲飯命が向かった常世郷は、死者が行く海の果ての理想郷を意味する。黒潮が流れる熊野の海をその入り口とする観念が古くからあり、行者が小舟で海の果ての浄土に向かう「補陀落渡海《ふだらくとかい》」が平安時代から行われてきた。

日本書紀は別伝で、イザナミノミコトが火の神・カグツチを産み、火傷《やけど》をして死に、紀伊国の熊野の有馬村に葬った、と記す。

世界遺産「紀伊山地の霊場と参詣道」に含まれる巨岩「花の窟《いわや》」（三重県熊野市）がその場所とされ、広大な七里御浜に面している。

3 高天原の救援「天つ神の御子」に

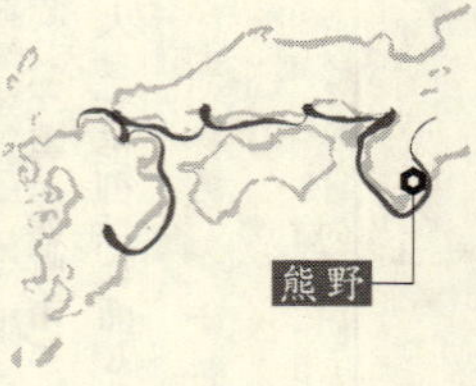

熊野灘で二人の兄を失ったカムヤマトイハレビコノミコト（神武天皇）が上陸した、と日本書紀が書く熊野の荒坂津《あらさかのつ》。書紀は、またの名を丹敷浦《にしきのうら》と紹介した後で、こう続ける。

〈因《よ》りて丹敷戸畔《にしきとべ》といふ者を誅《う》つ〉

現在の和歌山市付近に勢力を持った名草戸畔《なぐさとべ》に続いて、地元の首長を討伐したというのである。丹敷戸畔は、現在の和歌山県串本町から三重県大紀町錦までの熊野灘沿岸を統治していたとみられる。

名草戸畔と同じように詳しい伝承は残っていないが、勢力圏だった現在の那智勝浦町に残る前方後円墳がわずかに、足跡をしのばせる。

「前方後円墳は、大和政権に連合した証し。副葬品から女性が埋葬されたとみられ、

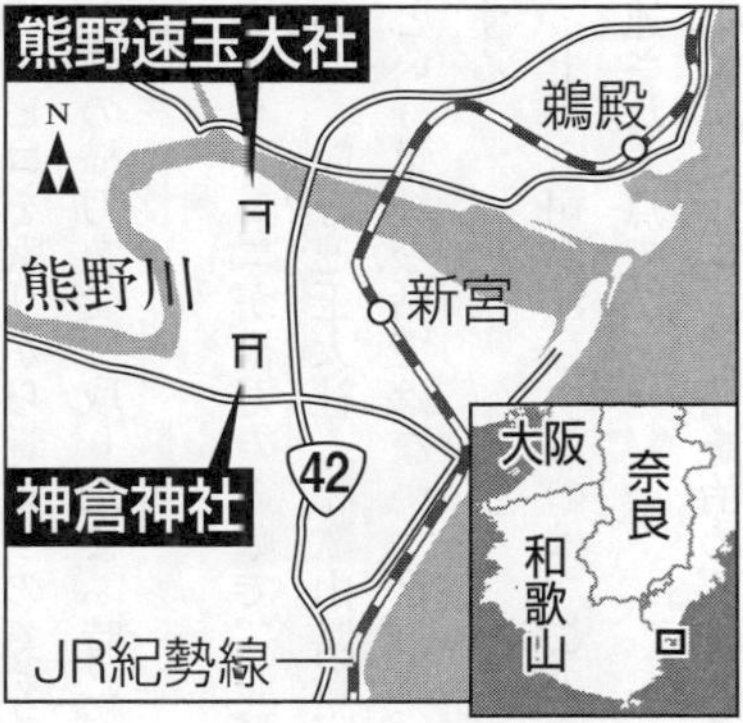

巫女《みこ》のような立場で土地を治めていた女性首長が征服され、首長権が移り変わったと考えられる」

和歌山大の元客員教授、武内雅人氏はそう話す。

〈時に神、毒気を吐き、人物咸《ことごとく》に瘁《を》えぬ〉

丹敷戸畔を討った後のイハレビコ一行について、書紀はそう書く。古事記は、熊野の村に到る時のこととして、さらに詳述する。

〈大き熊、髪《くさ》より出で入るすなはち失せぬ。尓《しか》して神倭伊波礼毘古命《かむやまといはれびこのみこと》倐忽《たちま》ちにをえ為《し》たまひ、また御軍もみなをえて伏しぬ〉

熊に姿を変えた地元の神の毒気によって、イハレビコも兵士も気を失ったのだ。三人の兄すべてを失ったイハレビコ自身の最大の危機を救ったのは熊野の住民、高倉下《たかくらじ》だった。

天照大御神の命でタケミカヅチノカミが高天原から下した「一横刀《たち》」を持って駆けつけ、イハレビコを眠りから覚ますのである。

〈其の横刀を受け取りたまふ時に、其の熊野の山の荒ぶる神自づからみな切り仆《たふ》さえき〉

イハレビコが横刀の霊威で、熊野の荒ぶる神を悉く倒したとする古事記の記述について、熊野速玉大社《くまのはやたまたいしゃ》（和歌山県新宮市）の上野顯宮司は「熊野の悪い神が邪魔をしたという単純な話ではない」と言う。同大社は、高倉下を祭る神倉《かみくら》神社（同）を摂社にする。

上野宮司が注目するのは、この物語の途中からイハレビコが「天つ神の御子」と記述される点である。

「イハレビコは、国を治めるにふさわしいか、試されたのではないか。呼称が変わったのは神々からの託宣を受け、生まれ変わった証しでしょう」

事実、古事記はこの物語以降、イハレビコを「天つ神の御子」か「天皇」と記述している。

高倉下を祭る神倉神社は、神倉山という山を背に鎮座する。ご神体の「ゴトビキ岩」は、タケミカヅチが下した横刀を高倉下が得た場所とされる。

神社では毎年二月六日、高倉下の物語を起源とする「御燈祭り」が行われる。白装束姿の男たちが、たいまつを持って神倉山の石段を駆け下りる。

闇の中で炎が滝のように下る様子は、高倉下がイハレビコのもとに急ぎに急いではせ参じた姿を示している。

高倉下の剣

高倉下が持参し、イハレビコの窮地を救った横刀について古事記は、タケミカヅチノカミが大国主命に国譲りさせた際の横刀だと記す。古事記は国譲りの章で、タケミカヅチが十掬《とつか》の剱《つるぎ》を逆さまに浜辺に突き刺し、切っ先にあぐらをかいて国譲りを迫ったと書いていて、横刀はその十掬の剱ということになる。

〈此の刀は石上神社に坐《いま》す〉と古事記は記す。奈良県天理市にある同神社は、この神剣を主祭神とし、布都御魂大神《ふつのみたまのおおかみ》と呼ぶ。タケミカヅチは鹿島神宮（茨城県鹿嶋市）、春日大社（奈良市）などに祭られている。

4 舞う八咫烏 神々に導かれ

熊野の荒ぶる神々を倒したカムヤマトイハレビコノミコト（神武天皇）への高天原の支援はさらに続く。古事記はこう書く。

〈高木大神《たかきのおほかみ》の命以《も》ち、覚《さと》し白《まを》さく、「天つ神の御子、此れより奥つ方にな入り幸《い》でましそ。荒ぶる神いたく多し。今天より八咫烏《やあたがらす》を遣はさむ。（略）」〉

高木大神は、天照大御神と並ぶ高天原の神として古事記に再三、登場する。また日本書紀も、行く道も見つからずに途方に暮れて眠りについたイハレビコが、ある夢を見たとして、八咫烏が派遣される経緯を書いている。

〈天照大神、天皇に訓《をし》へまつりて曰《のたま》はく、「朕《われ》今し頭八咫烏を遣さむ。以ちて郷導者《くにのみちびき》としたまへ」とのたまふ〉

夢から覚めたイハレビコの頭上には巨大な鳥、八咫烏が舞っていた。

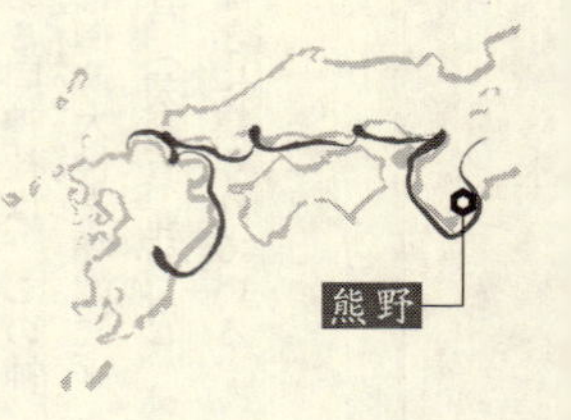

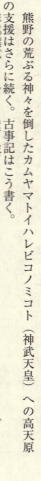

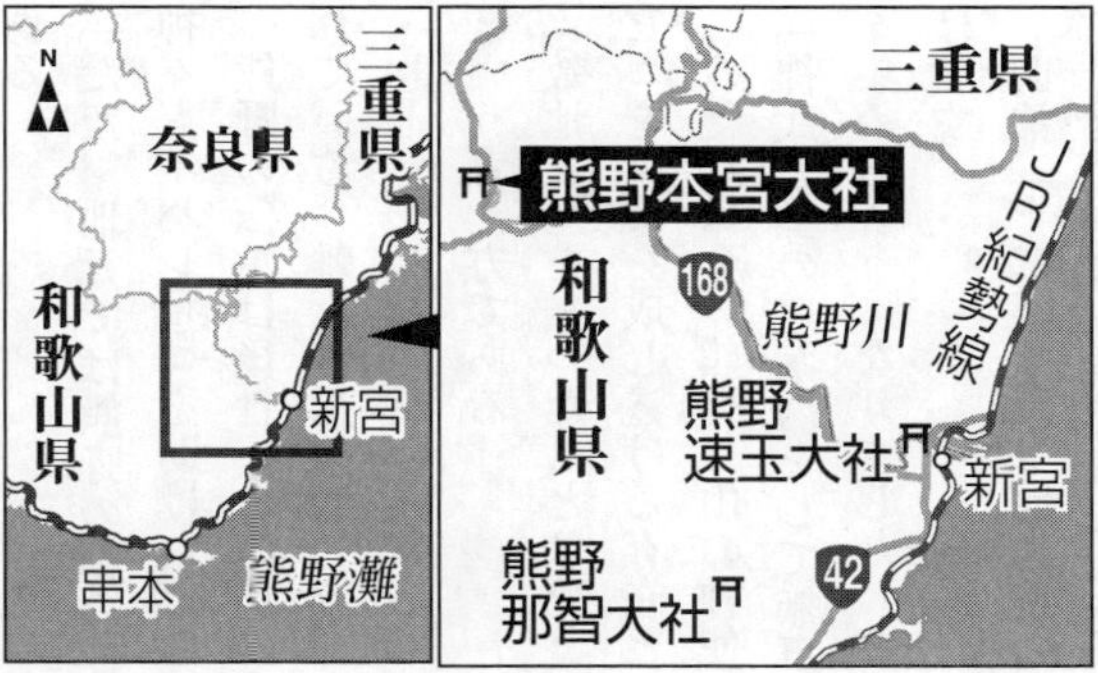

「此の烏の来ること、自づからに祥《よ》き夢に叶へり。（中略）我が皇祖《みおや》天照大神、以ちて基業《あまつひつぎ》を助け成さむと欲せるか」

イハレビコは、天照大御神の意思を感じ取ってそう言い、八咫烏の先導で熊野の山を越えていく。

東征を成功に導いた存在として欠かせない八咫烏について、記紀は巨大さを表す「八」の数字を使っているだけで、詳しい姿を書いていない。が、一般には三本の足を持つ烏として描かれる。

「三という数字は聖なる数字。また、三本の足は朝日、昼間の日、夕日の三つの太陽を表すともいわれています」

『熊野八咫烏』（原書房）の著者で、熊野三山協議会幹事の山本殖生氏はそう話す。八咫烏とは太陽の使い、つまり天照大御神の使いという指摘である。

「ただ、地元では熊野の神の使いと信じています。高天原の神だけではなく熊野の神々もイハレビコを助けたと考えているわけで、私もそう思います」

熊野の伝承は後世、この地の山々が修験道の修行場になる空気を持つことから生まれている。難行苦行を通じて再生を願う場。それが修験道の修行場である。

敗走や兄たちの死を経験したイハレビコはそこで、力を回復して大和に攻め上ったという考え方である。

「敵地で気を失ったことは死と同じ。そこから回復したのだから、熊野の神はイハレビコを大業を成し遂げる存在と認め、八咫烏を送ったのでしょう」

八咫烏は今、熊野三山の神使として、紋などに姿を見ることができる。

「神武天皇の道案内をして無事に大和に導いた功績から、『導きの鳥』としての信仰を集めるようになりました」と、熊野本宮大社《くまのほんぐうたいしゃ》（和歌山県田辺市）の中平将之権禰宜《ごんねぎ》は話す。

明治二十二年までは同大社の摂社として、八咫烏社が熊野川沿いの大斎原に祭られていた。川の氾濫で流失したが、熊野三山では、八咫烏の姿を組み合わせた「烏文字」印のついた熊野牛王符や、お守りを授かっていく参拝者が絶えず、導きの信仰は根強い。

熊野三山

熊野本宮大社（和歌山県田辺市）、熊野速玉大社（同県新宮市）、熊野那智大社（同県那智勝浦町）の総称。熊野大権現ともいわれる。主祭神はそれぞれ須佐之男命、イザナキノミコト、イザナミノミコトとされるが、神仏習合の影響も色濃い。

中世以降、熊野詣が盛んになり、参詣道を歩く人々の様子は「蟻の熊野詣」と呼ばれた。

平成十六年に世界遺産「紀伊山地の霊場と参詣道」の一部として登録された。三山は勧請《かんじょう》され、全国各地に熊野神社が創建されている。

5 霊力宿る吉野 国つ神三人従う

八咫烏《やあたがらす》の導きで「吉野河の河尻」に至ったカムヤマトイハレビコノミコト（神武天皇）は、三人の国つ神に出会った、と古事記は記す。

「汝は誰ぞ」

そう問うイハレビコに国つ神らは答える。

「僕は国つ神、名は贄持之子《にへもつのこ》と謂《い》ふ」

「僕は国つ神、名は井氷鹿《ゐひか》と謂ふ」

「僕は国つ神、名は石押分之子《いはおしわくのこ》と謂ふ」

文言は全く同じ。最後の石押分之子がこう述べることで、三人が進んでイハレビコに従ったことが強調される記述になっている。

「今、天つ神の御子幸行《い》でますと聞く。故、参向《まゐ》かへつるのみ（天つ神のご子孫がお

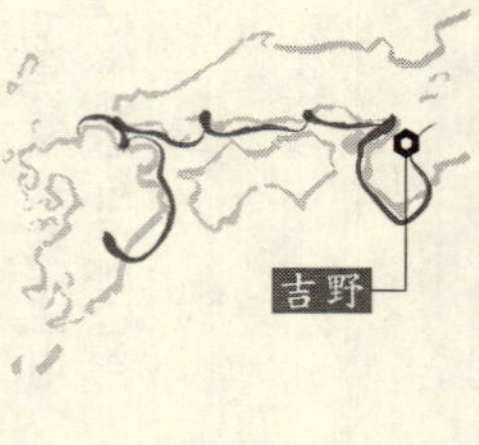

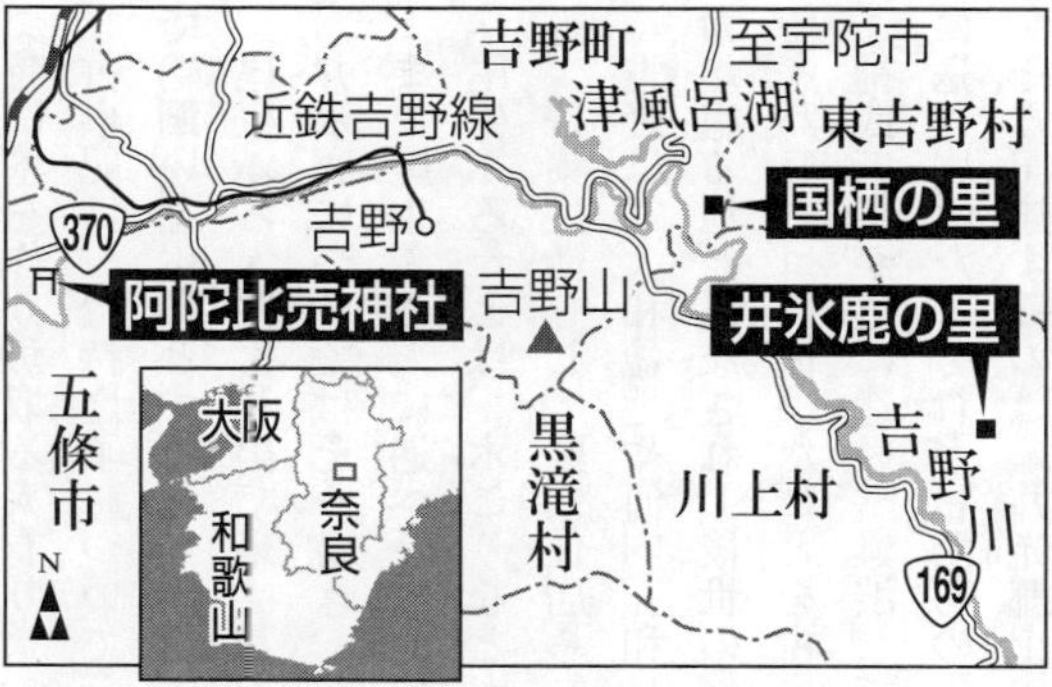

出でになると聞き、お迎えに参りました)」

古事記が書く「吉野河の河尻」は吉野川の最下流、現在の奈良県五條市北部と考えられる。

現在、井氷鹿《いびか》と呼ばれる里は川上村に、「吉野の国巣が祖《おや》」と古事記が記す石押分之子がいた地、国栖は吉野町にあり、イハレビコが、吉野川沿いに移動して大和北部の宇陀を目指したことがわかる。

「イハレビコは熊野から吉野に入るのですから、険しい吉野山地の稜線から地形を見て、川沿いを進む道を選んだのでしょう。宇陀に抜けるなら合理的な道筋だと思います」

同市教委の文化財保存係長、前坂尚志氏はそう話す。その道筋にいた三人の国つ神は、登場方法が印象的である。

〈時に筌《うへ》を作り魚取る人有り。（略）此は阿陀の鵜養《うかひ》の祖〉

古事記は、贄持之子についてそう記す。竹で編んだ筒状の道具で漁をし、阿陀の地で鵜飼いを生業とする人々の祖先だというのだ。

〈尾生《お》ふる人井より出《い》で来《く》。其の井光有り〉

井氷鹿についてはそう書き、石押分之子についてはこう紹介する。

〈また尾生ふる人に遇《あ》へり。此の人巌《いはほ》を押し分けて出で来〉

「尾生ふる」とは、木こりなどが尻当てを垂らしている姿がそう見えたとするのが通説。採集生活をして竪穴住居らしき場所に住む人々を連想させる。

「吉野は、大和盆地や河内、和泉などと比べ、発展が遅れた地域。その分、不思議な力が宿る地と見なされ、後世の修験道につながった。その霊力ある地域、人々が進んでイハレビコに従ったことを古事記は書きたかったのでしょう」

〈神武天皇が道に迷い、難渋していた折、井氷鹿が道案内し、宇陀から橿原まで無事に送り届けた。それが私たちの先祖です〉

そう記述するのは『井光《いかり》郷土史』だ。井氷鹿を祭神とする井光神社がある川上村の住民らが昭和五十七年に編集した郷土史本である。

「八十戸ほどの小さな集落だが、昔は神社は県社で、祭りには近くの村からも大勢が来た。小学校もあって威勢があったものです」

神社の氏子の加藤敬介氏は、国造りに参加した先祖の誇りを込めて、そう話した。

阿《あ》陀《だ》比《ひ》売《め》神社

阿陀の鵜養の祖となった贄持之子とのゆかりを思わせる阿陀比売神社が五條市原町にある。祭神はコノハナノサクヤヒメと三人の息子。末弟のヤマサチビコはイハレビコの祖父で、長兄のウミサチビコにヤマサチビコとの争いに敗れ、隼人の阿多君の祖先になった。

日本書紀には四十代天武天皇十一年に、大隅の隼人と阿多の隼人が相撲を取ったという記述がある。天武朝に南九州から近畿への移住が始まったと考えられ、推定される移住先の一つが五條市の阿陀。そんな歴史が、吉野の伝承には反映している可能性が高い。

「おこべさん」として信仰を集める宇賀部神社。名草戸畔の悲劇を伝える（和歌山県海南市）本文 158 ページ

第八章

大和平定

地元の抵抗勢力
さらに宿敵を破り
美地・大和で初代天皇に

1

「忠誠見せよ」謀略を退け

吉野地方を帰順させたカムヤマトイハレビコノミコト（神武天皇）は、険しい山道を北上し、宇陀（奈良県宇陀市）に至る。その地には兄宇迦斯《えうかし》、弟宇迦斯《おとうかし》がいた。イハレビコの行動を古事記はこう記す。

〈八咫烏《やあたがらす》を遣はして、二人を問ひて曰く、「今、天つ神の御子《みこ》、幸《い》行でませり。汝等《なれども》仕《つか》え奉《まつ》らむや」〉

イハレビコが帰順を求めた兄弟について、日本書紀は「菟田（宇陀）県《あがた》の魁帥《ひとごのかみ》なり」と書く。双頭の首長とみられる二人の対応は完全に割れた。

エウカシは八咫烏に鳴鏑《なりかぶら》（音の鳴る矢）を射るなど反抗的な行動に出る。オトウカシはイハレビコの元に参上し、「兄エウカシは反乱の軍勢を集めたが、うまくいかなかったため謀略を企んでいる」として、こう告発する。

「殿を作り、其の殿の内に押機《おし》を張りて、待ち取らむとす（大きな建物を作って押機を仕掛け、御子を殺そうとしています）」

「押機とは人が入ると天井が落下し、圧死させる仕掛けと考えられる」。宇陀市文化財課の柳沢一宏氏はそう推測する。

同市内の桜実《さくらみ》神社には、イハレビコが陣を張った際に植えたという、一株から八本の幹が伸びる「八つ房杉」がそびえる。そこから約一・五キロ北東に「宇迦斯神魂」を祭る宇賀《うが》神社があり、付近にはエウカシの邸宅と殿があったと伝承される高台がある。

〈大伴連《おおとものむらじ》等が祖道臣命《おやみちのおみのみこと》、久米直《くめのあたひ》等が祖大久米命《おほくめのみこと》二人、兄宇迦斯を召し、罵言《の》りて云はく、「いが作り仕へ奉れる大殿の内には、おれまづ入り、其の仕へ奉らむとする状《さま》を明かし白《まを》せ」〉

後に大伴連（氏）や久米直（氏）の祖となる

イハレビコの家臣二人が、エウカシ自ら建物に入り、忠誠の気持ちを見せよと迫った。古事記はそう記す。

二人は大刀や矛、弓矢を向けてエウカシに迫った。その結果を古事記はこう書く。

〈己《おの》が作れる押《おし》に打たれて死ぬ。尓《しか》して控《ひ》き出《い》だし斬り散《はふ》りき。故其地《そこ》を宇陀の血原と謂《い》ふ〉

二人はエウカシの死体を切り刻み、土地にまき散らしたのである。

「血原の血は、真っ赤な顔料の水銀朱を暗示しています」と柳沢氏は言う。

宇賀神社から見田・大沢古墳群にかけての地域には、古墳時代前期にさかのぼる国内最大級の大和水銀鉱山が集中している。

弥生時代から古墳時代には墓の内部や遺体に朱を施し、死者の再生や魔よけを願った風習があった。

「宇陀には神武天皇に刃向かって殺されたシュロウオウと呼ばれる者がいた伝説がある。『朱の王』の意かもしれません。大和政権は古墳内を彩色するためにも水銀朱を求めていた」

エウカシ討伐は、国造りに必要な資源の獲得が大きな目的だったのではないかという指摘である。

イハレビコの東征は大和に入って一層、国造りの感を強めていく。

大伴氏の祖・道臣命

イハレビコの家臣として登場する大伴氏の祖・道臣命は、名草《なぐさ》郡（和歌山市から海南市にかけての地域）の人だった、と古代氏族研究家の宝賀寿男氏は指摘する。イハレビコによって首長の名草戸畔《とべ》が討たれた際に降くだったと考えられるという。

イハレビコは兄の五瀬命《いつせのみこと》を葬った紀国で、道臣命を新たな参謀に迎えていたことになる。日本書紀では道臣命は、イハレビコ軍の大将として、久米氏の祖・大来目《おほくめ》（大久米命）を率いて紀伊山地を越えたと書かれている。両氏は後に、古代大和政権の軍事を担う。

2

峠の封鎖 変装で切り抜け

兄宇迦斯《えうかし》を討って宇陀（奈良県宇陀市）を攻略したカムヤマトイハレビコノミコト（神武天皇）。古事記では、そのまま忍坂《おしさか》（現在の奈良県桜井市忍坂《おっさか》）に入るが、日本書紀では、戦略の練り直しを迫られたことを詳しく描いている。

〈彼《そ》の菟田《うだ》の高倉山の巓《いただき》に陟《のぼ》り、域内《くぬち》を瞻望《のぞ》みたまふ。時に国見丘の上に則ち八十《やそ》梟帥《たける》有り。又女坂《めさか》に女軍《めいくさ》を置き、男坂《おさか》に男軍を置き、墨坂《すみさか》に焃炭《おこしずみ》を置く〉

宇陀市文化財課の柳沢一宏氏によると、高倉山は宇陀松山城があった古城山か、高倉山顕彰碑が立つ高角神社付近が候補地。

国見丘は標高八八九メートルの経ケ塚山、女坂は女寄《みより》峠、男坂は小峠を指す。炭を置いてイハレビコ軍を妨害した墨坂は墨坂神社近くの西峠だ。

〈賊虜《あたども》の拠る所は皆是要害《ぬみ》の地《ところ》なり。故、道路《みち》絶え塞り、通ふべき処無し〉

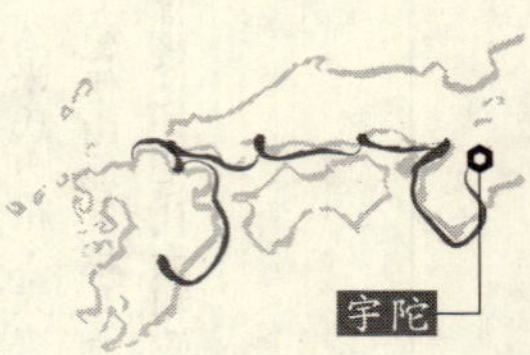

奈良盆地に通じる峠道はすべて、ヤソタケルによって封鎖されたのである。

その夜、困惑したイハレビコが祈誓《うけい》（神意をうかがう占い）を立てて休むと、夢の中に天神《あまつかみ》が現れて窮余の一策を授けた。

「天香山《あまのかぐやま》の社《やしろ》の中の土《はに》を取りて、天平瓮《あまのひらか》（平らな皿）八十《やそ》枚《ひら》を造り、幷《あは》せて厳瓮《いつへ》（神酒を入れる清浄な瓶）を造りて、天神地祇《あまつかみくにつかみ》を敬祭《ゐやび》り、亦厳呪詛《いつのかしり》をせよ。如此《かく》せば虜《あた》自づからに平伏《むきしたが》ひなむ」

天香山は一般には天香久山と書き、畝傍《うねび》山、耳成《みみなし》山とともに大和三山に数えられ、古代にはとりわけ神聖視された山である。

「そこの土で祭祀土器を製することは、支配者になることを意味する」と、考古学者の石野博信氏は話す。

しかし、天香久山に行くにはヤソタケルの堅陣を越えなければならない。イハレビコは策をめぐらす。瀬戸内海の難所で水先案内をした椎根津彦《しひねつひこ》と、宇陀で帰順した弟《おと》宇迦斯《うかし》に老夫婦に変装させ、峠道を行かせたのである。ヤソタケルらはその姿に大笑いして囃し立てた。

「大醜乎《あなみにく》、老父老嫗《おきなおみな》（なんと醜い、じじいとばばあだ）」

油断を誘って道が開かれ、二人は無事に天香久山の土を持ち帰った。

夢のお告げの通りに厳呪詛が行われたのは、丹生川上《にうかわかみ》神社（奈良県東吉野村）のそばで、三本の川が合流する仙境「夢淵」と伝わる。イハレビコはそこでも、水中に厳瓮を沈めて誓約を立てた。

もし、魚が酔って流れる様子が、槙の葉が水に浮いて流れるようであれば、私は必ずこの国を治めることができよう、というものである。果たして、魚はすべて浮き上がり、流れに漂った。

「酒か、あるいは山椒《さんしょう》でも入れて魚をまひさせたのかもしれません。誓約には兵士の士気を高める狙いがあったのでしょうから」

同神社の日下康寛宮司はそう話す。固唾《かたず》をのんで誓約を見守り、成功を確信した兵士らの雄叫びが想像される記述である。

イハレビコはこの後、厳瓮の神饌を食し、敵陣に向けて出陣した。

ヤソタケル

エウカシを倒したイハレビコの前に現れたヤソタケル。ヤソ（八十）は数えきれないほど多い軍勢、タケル（梟帥）は強く勇ましい兵を意味する。

ヤソタケルが布陣した国見丘、女坂、男坂はどれも山上で、全国各地で見つかる弥生時代の高地性集落を想起させる。敵の来襲を察知すると烽火《のろし》を上げ、同盟集落などに危険を知らせたと考えられている。

ヤソタケルはイハレビコが宇陀を抜けた後の忍坂にも登場するが、国見丘のヤソタケルは宇陀の住民で、隣接する地域に危険を知らせたとみられる。

3 「酒宴の計」強敵を討ち取る

〈忍坂《おしさか》の大室に至りたまふ時に、尾生《お》ふる土雲《つちぐも》の八十建《やそたける》其の室に在り、待ちいなる〉

宇陀から奈良盆地に進軍したカムヤマトイハレビコノミコト（神武天皇）について、古事記はこう書く。

忍坂は現在の奈良県桜井市忍阪。尾生ふるとは、吉野河の河尻でイハレビコに恭順した石押分之子《いはおしわくのこ》らに使われていた表現。さらに土雲は「土蜘蛛」の借訓字で、記紀では手足が長く胴の短い穴居生活者を指し、大和政権に服従しない先住民の蔑称である。

「土雲は、身体的特徴が人間と違うものとして描かれた。このような恐れられるものを排除することで、新たな秩序が生まれることを表現したのでしょう」

奈良大の上野誠教授はそう話す。

新たに現れた地元の抵抗勢力に対して、イハレビコは策略をめぐらした。古事記は

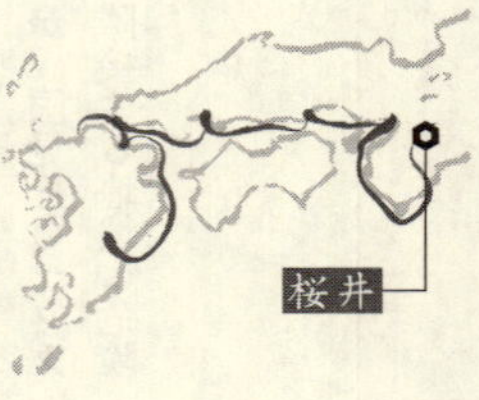

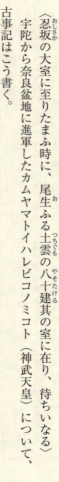

こう続ける。

〈饗《あへ》を八十建に賜ふ。是に八十建に宛て、八十膳夫《やそかしはて》を設け、人毎《ごと》に刀を佩《は》け、其の膳夫等に誨《おし》へ曰《の》りたまはく、「歌ふを聞かば、一時共《もろとも》に斬れ」〉

土雲たちを饗応し、その一人一人に大刀を身につけた給仕夫を付け、歌を合図に斬りかからせたのである。

日本書紀は、イハレビコの策はさらに念入りだったと書く。イハレビコは部下の道臣命《みちのおみのみこと》を呼んでこう命じた。

「汝、大来目部《おほくめら》を帥《ひき》ゐて大室を忍坂邑《むら》に作り、盛《さかり》に宴《うたげ》饗を設け、虜《あた》を誘《をこつ》りて取れ」

この記述の大室とは周囲を塗り込めた部屋のこと。そこで盛大な宴を催して討ち取れ、というのである。

〈一時に打ち殺しつ〉

その首尾を古事記は、簡潔にこう記す。兵を損じることなく、日時も費やさずにイハレビコは忍坂を平定した。

「貪欲な者は誘い出せば必ず来る。貪欲さを描くことで土雲は悪者に見立てられた。イハレビコは知恵もあり、残虐なこともできるということで、戦に強い姿が描かれている」

上野教授はそう語る。

〈天皇がこの地にいた八十建を討つとき、この石に匿れ、石垣をめぐらし、矢を持ち楯とした〉

忍阪にある三十四代舒明《じょめい》天皇押坂内陵《おさかのうちのみささぎ》に至る道路脇に、「神籠石《じんご》」と呼ばれる大岩がある。そばの看板にはイハレビコの足跡が紹介されている。

「地元では『ちご石』とも呼ばれています。実際にここで、戦いがあったのかもしれません」

同地区区長の森本藤次氏はそう話す。代々の区長に受け継がれているという古地図には「ヲムロ」という地名があり、現在も付近は大室町と呼ばれている。

周辺は高台になっていて見晴らしも良い。かつては記紀が記す「大室」の場所を示した標木が立っていたが、今は正確な位置がわからない。

「人が集まりやすい場所だったのは間違いない。忍坂は、宴を開く方法でなければ討ち取れないほどの勢力だったのでしょう」

忍坂街道

イハレビコが東征時、宇陀から半坂峠を経て、忍坂を通り、宇陀ケ辻へと至ったといわれる道。街道沿いの舒明天皇押坂内陵は、中大兄皇子（後の天智天皇）の父、舒明天皇とその母の田村皇女《たむらのひめみこ》が合葬され、国内初の八角墳と確認されている。

また、国重要文化財の伝薬師三尊石佛を安置する石位寺や少彦名命《すくなひこなのみこと》などを祭る忍坂《おっさか》坐生根神社《にいますいくねじんじゃ》、額田王の姉ともいわれる鏡《かがみ》女王《のひめみこ》の墓もあり、歴史に彩られた道となっている。

忍坂山とも呼ばれる外鎌山《とかまやま》からは大和三山を一望できる。

4 眼前に広がる美地《うましつち》 残すは宿敵

〈また兄師木《えしき》・弟師木《おとしき》を撃ちし時に、御軍《みいくさ》暫《しま》し疲れぬ〉

古事記では、この兄弟を攻めた時は軍勢が疲れた、とのみ書かれている戦は日本書紀では、カムヤマトイハレビコノミコト（神武天皇）が和戦両様の構えを取ったことが記されている。

〈皇師《みいくさ》、大きに挙《こぞ》りて磯城彦《しきひこ》を攻めむとし、先づ使者を遣し兄磯城《えしき》を徴《め》さしむ〉

磯城彦とは磯城という地域を治める兄磯城、弟磯城《おとしき》の二人の総称。古事記が書く兄師木・弟師木のことである。

「奈良県桜井市の忍阪《おっさか》を川沿いにくだり、国中《くんなか》（奈良盆地）に出たところが、かつて城島《しきしま》と呼ばれていました。兄磯城・弟磯城はこのあたりを治めていたのでしょう」

桜井市纒向学研究センターの主任研究員、橋本輝彦氏はそう話す。兄磯城・弟磯城

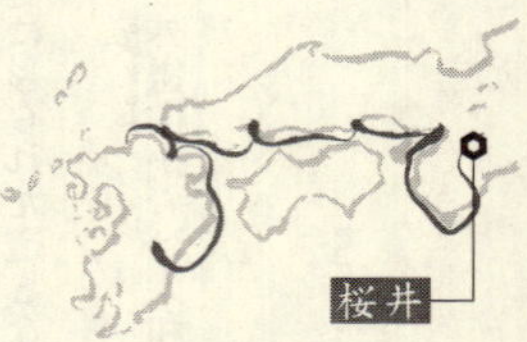

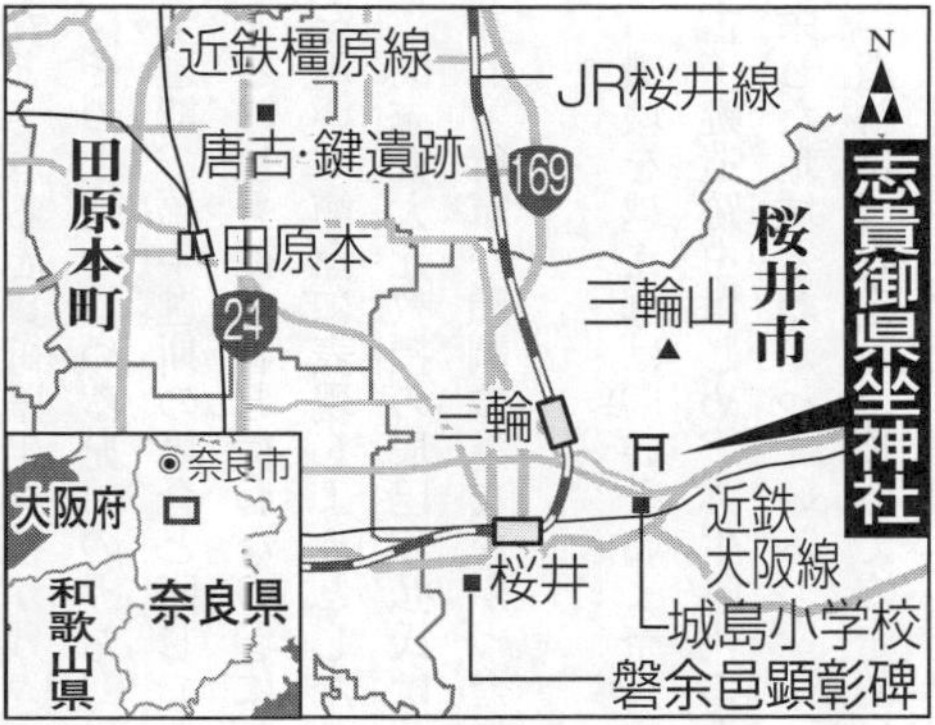

は、国中に入るために制圧しなければならない強敵だった。

イハレビコは、使者として八咫烏《やあたがらす》を送った。呼び掛けに応じて参上したのは弟磯城だった。弟磯城は帰順し、そして告げた。

〈我が兄兄磯城、天神の子来《い》でますと聞《うけたまは》り、則ち八十梟帥《やそたける》を聚《あつ》め、兵甲《つはもの》を具《そな》へ、与《とも》に決戦《たたか》はむとす。早く図りたまふべし〉

弟は、兄を討伐する策を早く練るよう、イハレビコに進言したのだ。イハレビコは、椎根津《しひねつ》彦《ひこ》の献策で忍坂から軍を発し、兄磯城が全軍で迎撃に出たところを墨坂を越えた別軍に挟撃させて、兄磯城と八十梟帥を破った。

戦の後、弟磯城は三輪山西麓の一帯を治める県主に任命された。

現在、三輪山の麓には弟磯城の子孫が創建したとされる志貴御県坐《しきのみあがたにいます》神社が残っている。

その土地を治める兄弟のうち、兄が抵抗して敗れ、弟が帰順する構図は、宇陀の兄《え》宇迦斯《うかし》、弟宇迦斯《おとうかし》の場合と同じである。

「どの地も従う者と従わない者に分かれていた、ということを、兄弟という対の存在を用いて簡潔に表現しようとしたのではないでしょうか」

同志社大元教授の辰巳和弘氏はそう推測する。兄弟の記述は、目的地を目前にしてなお、行軍が順調に進まなかった様子を伝えているという指摘である。

磯城を越えれば、いよいよ奈良盆地である。盆地南部では、近畿最大といわれる唐《から》古《こ》・鍵遺跡をはじめ、弥生時代の大規模な集落遺跡が発見され、弥生時代を通じて繁栄した地域とわかっている。

「遺跡は、安定した地盤で安定的に稲作ができたため、長期にわたり定住できた場所と推測できます」

同遺跡がある奈良県田原本町の文化財保護課係長、清水琢哉氏はそう話す。

〈東に美地《うましつち》有り。青山四周《あをやまよもにめぐ》れり〉

日向で塩土老翁《しおつちのおじ》にそう聞き、東征を決意したイハレビコの目前に、その言葉通りの土地が広がっていた。前途を妨げる者はもはや、生駒山越えで敗れた那賀須泥毘古《ながすねびこ》だけだった。

大和初平定の功績

日本書紀の神武天皇条の冒頭には「神日本磐余彦天皇《かむやまといはれびこのすめらみこと》、諱は彦火火出見《ひこほほでみ》」と書かれている。神日本磐余彦天皇はイハレビコの死後、その功績をたたえて付けられた謚《し》号《ごう》。諸説あるが、磐余という地名を含む大和一帯を初めて治めた天皇という意味と解釈される。

彦火火出見は実名。生前、死後を通じて、貴人は実名で呼ばれることを忌み嫌ったことからイミナともいわれる。

神武天皇という称号は漢風謚号。日本書紀編纂時には漢風謚号はなかったといわれ、後に付けられたものとされる。

5 天の御子降り、戦いに終止符

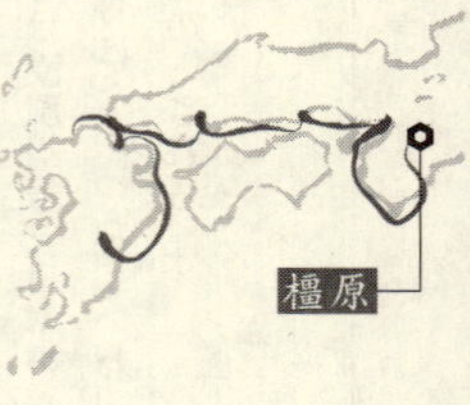

大和で続いたカムヤマトイハレビコノミコト（神武天皇）の戦いの日々は、ある神が陣中にやって来ることで終わりを告げる。神は迩芸速日命《にぎはやひのみこと》で、古事記によると、イハレビコにこう言った。

「天つ神の御子天降り坐《ま》しぬと聞く。故追ひ参降《まゐくだ》り来つ」

ニギハヤヒは、天つ神の子孫を追って高天原から来たと告げ、その出自を示す宝玉を献上し、イハレビコに仕えた。

古事記は、ニギハヤヒはイハレビコの生駒山越えを阻んだ那賀須泥毗古《ながすねびこ》の妹を妻にしており、その子の宇麻志麻遅命《うましまぢのみこと》は物部氏らの祖になったと書いた上で、こう記す。

〈故かく、荒ぶる神等を言向《ことむ》け平和《やは》し、伏《したが》はぬ人等を退け撥《はら》ひて、畝火《うねび》の白檮原宮《かしはらのみや》に坐《いま》して、天の下治《し》らしめしき〉

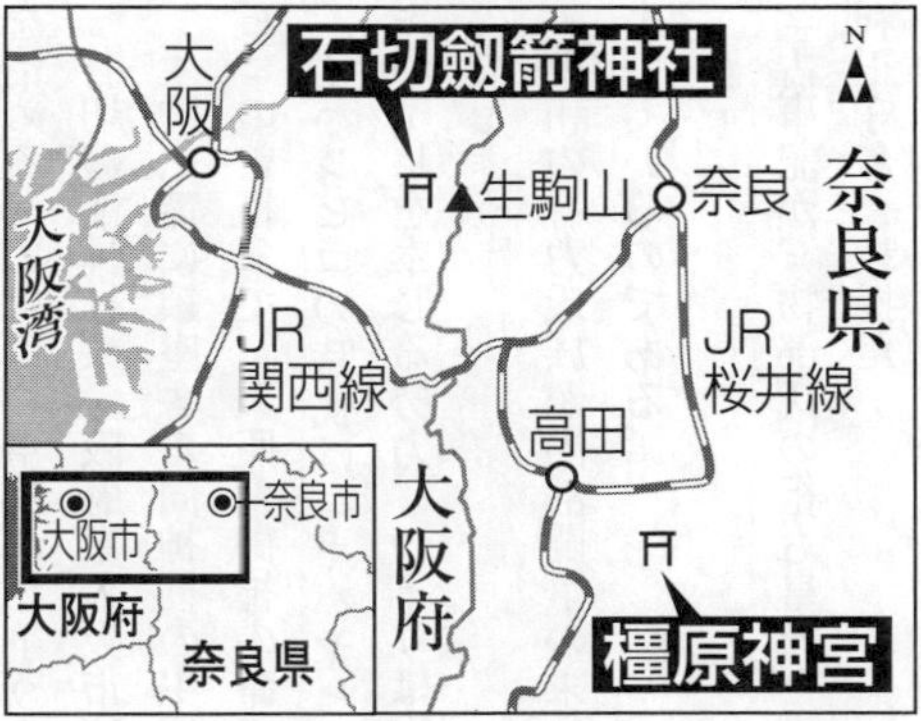

イハレビコはついに、荒々しい神どもを平定し、服従しない人どもは追い払って、畝傍の橿原宮で天下を統治したのである。

ニギハヤヒの帰順がなぜ大和平定につながるのか。その経緯は日本書紀に詳しい。

〈長髄彦《ながすねびこ》の稟性《ひととなり》愎佷《もと》りて、教ふるに天人《きみたみ》の際を以ちてすべからざるを見て、乃ち殺して其の衆を帥《ひき》いて帰順《まつろ》ひぬ〉

ニギハヤヒは、イハレビコが天つ神の御子と知っても抵抗するナガスネビコの性質をねじ曲がったものと見た。そして、神と人との区別も理解しないとして見切りをつけて殺害し、その軍勢を率いてイハレビコに降ったのである。

「ナガスネビコはすでにイハレビコの兄、五瀬《いつせの》命《みこと》を殺していますから、帰順しても許されないと思っていたのでしょう。ニギハヤヒは天照大御神の大願、高天原から降った皇族が葦原中国《あしはらのなかつくに》を治めるためには、皇族が相争うのは益がないと判断したのだと思います」

石切劔箭《いしきりつるぎや》神社（大阪府東大阪市）の木積康弘宮司はそう話す。

生駒山麓に鎮座する同神社の主祭神はニギハヤヒ。社伝ではニギハヤヒは、イハレビコの曽祖父で、天照大御神の命で降臨したニニギノミコトの兄と伝わる。

「イハレビコの時代はニギハヤヒ の一族も代替わりしているはずで、日本書紀はニギハヤヒを奉じる勢力、つまりは物部氏らがナガスネビコを討ったことを伝えているのでしょう」

大和の有力氏族が内部闘争の末に、イハレビコを迎えることを選択した、と記紀は書いているのである。

「古事記が、物部氏の祖も皇族と書いていることが重要」と話すのは大阪市立大の毛利正守名誉教授だ。

「物部氏は、初期の大和政権を支えた大氏族。記紀の編纂期には、その功績や系譜をしっかり入れたかっただろうし、編纂を命じた天武天皇としては主従の別をはっきりさせたい。その妥協点が皇族の帰順という形だったのだと思います」

イハレビコは、橿原宮（現在の橿原神宮）で初代天皇に即位した後、有力氏族の連合体である大和政権の運営に心を砕く。その前兆を伝えているのがニギハヤヒの記述でもある。

大氏族の物部氏

古代の大氏族。大和政権で軍事・刑罰をつかさどり、大伴氏とともに勢力をふるった。

大伴氏失脚後は蘇我氏と並んで繁栄したが、仏教受容問題で蘇我氏と対立。当主の守屋が蘇我馬子らに敗れて衰えた。

ニギハヤヒを祭る石切劔箭神社の宮司は代々、物部氏の一族、木積氏が務め、現宮司は百七代目。

社伝では、東征を果たして神武天皇になったイハレビコはニギハヤヒの功績をたたえ、「素よりニギハヤヒノミコトは天より降れる者なるを聞けり。今果たして殊功を樹てたり」と、剣を授けたとされている。

ニギハヤヒを祭る石切劔箭神社。「石切さん」として信仰を集める（大阪府東大阪市）本文 198 ページ

第九章

立后と崩御

初代皇后は出雲の神に愛された娘
国造りも順調に

1

皇后候補
譜代の武臣が進言

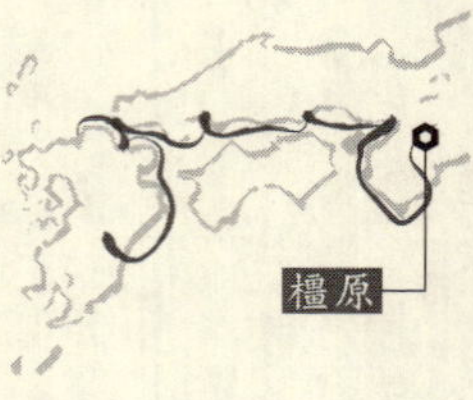

〈畝火《うねび》の白檮原宮《かしはらのみや》に坐《いま》して、天の下治《し》らしめしき〉

大和を平定したカムヤマトイハレビコノミコト（神武天皇）について、古事記はこう書く。

現在は大和三山の一つに数えられる畝傍山（奈良県橿原市）の麓に宮殿を建て、政治を行ったというのである。

畝傍山は標高一九九メートルの小山。頂上から半径約一キロ以内に神武天皇陵のほか、二代綏靖《すいぜい》天皇陵、三代安寧天皇陵、四代懿徳《いとく》天皇陵が散在し、草創期の朝廷の中心地だったことがわかる。

その一角に久米御縣《くめのみあがた》神社がある。祭神は大来目命《おほくめのみこと》。古事記では、大久米命として登場するイハレビコの臣下で、オオクメがこの地に祭られた経緯を示唆する記述が日本書紀にある。天皇が論功行賞を行うくだりでである。
〈大来目を畝傍山より以西《にしのかた》の川辺の地に居《はべ》らしめたまふ。今し来目邑《むら》と号《なづ》くるは、此《これ》、其の縁なり〉

朝廷のまさにお膝元に領地を賜っていたわけで、天皇の信頼の大きさを物語っている。

「腹心中の腹心。頭がよくて忠実、的確な補佐はするが、決して出過ぎない。そんな人柄を想像します。だから穏やかな神様としてお仕えしています」

同神社の大谷仁紀子宮司はそう話す。社伝は、オオクメとその祖先についてこう記している。
〈天津久米命、天孫降臨に随《したが》ひ、先駆して常に壮勇を輝かし、その後裔《こうえい》大久米（来目）命、東征に随ひて凶賊を払ひ勲績揚げ給ひたる〉

オオクメの祖は、天皇の曽祖父、ニニギノミコトが高天原から降臨した際、武装して先頭に立った天津久米命だというのだ。オオクメは、日向以来の譜代の武臣ということになる。

社伝が書く勲績は、この連載の第八章で紹介したものである。宇陀（奈良県宇陀市）で押機の罠を仕掛けた兄宇迦斯《えうかし》を成敗し、忍坂（同県桜井市）で八十建《やそたける》が率いる土雲を酒宴の計で討ち取ったことなどだ。

〈大后《おほきさき》と為《せ》む美人を求《ま》ぎたまふ時に、大久米命白《まを》さく、「此間《ここ》に媛女《をとめ》有り。是れ神の御子と謂《い》ふ」〉

古事記によると、大和平定直後に天皇は、皇后とすべき女性を求めた。ふさわしい女性がいると申し出たのは、意外にも武臣のオオクメだった。

「大国主命の神話以来、古代の国造りは、その地を治める女性と結ばれることでした。日向からやって来た神武もまず、それをやって政権の安定を図ろうとしたのでしょう」

そう語るのは同志社女子大の寺川眞知夫名誉教授である。天皇自ら求婚せず、仲立ちを立てるのは、この神武の場合が先例になったという。

「親衛隊の隊長格のオオクメが秘書官の役目も負っていたことがわかる。オオクメは、天皇に代わってその媛女に歌も贈っていますから、古代の武人は歌の道にも長《た》けていたのです」

文武に優れた譜代の臣があってこそ、東征が成功したことを、記紀や伝承は示している。

二人の武臣

古事記は、イハレビコの大和平定で活躍した武臣として、大久米命とともに道臣命《みちのおみのみこと》を挙げている。「道臣命は大伴連等が祖」とも書き、古代大和朝廷の軍事を司《つかさど》った大伴氏の祖と紹介している。

久米御縣神社の社伝は、道臣命の祖をやはり、ニニギの降臨の際に天津久米命とともに先頭に立った天忍日命《あめのおしひのみこと》としており、これも日向以来の譜代ということになる。

大刀を帯び、天のはじ弓を手に持ち、天の真鹿児矢《まかごや》を脇にはさんで、二人は降臨の先駆けをした、と古事記は記している。

2 出雲の血統で図った融和

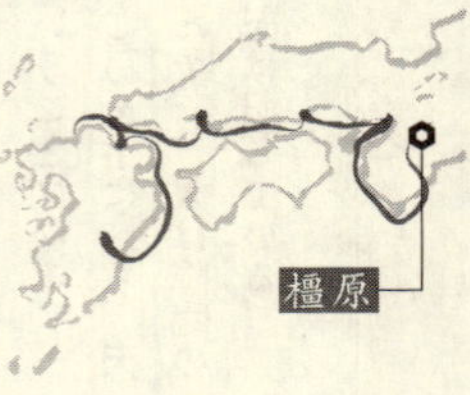

カムヤマトイハレビコノミコト（神武天皇）の皇后候補を見つけてきた大久米命《おおくめのみこと》は、

「此間《ここ》に媛女《をとめ》有り」

その両親の物語から報告を始めた、と古事記は記す。

「三嶋の湟咋《みぞくひ》が女《むすめ》、名は勢夜陀多良比売《せやだたらひめ》、其の容姿《かたち》麗美《うるわ》し。故《ゆえに》美和の大物主神《おおものぬしのかみ》、見感《みめ》でて……」

三嶋は、現在の大阪府茨木市から高槻市にかけての三島地域、湟咋は三嶋の首長である。

その娘を大和・三輪山（奈良県桜井市）の神で、出雲の大国主命の分神でもあるオオモノヌシが見初めた——とする報告は、現代文にすると、おおむね次のようになる。

〈オオモノヌシは朱塗りの矢に化けて川を下り、用便をするセヤダタラヒメのほと

（女陰）を突いた。驚いたヒメが、その矢を床のそばに置くと、矢は麗しき壮夫となってヒメと結ばれた。生まれた子が富登多多良伊須須岐比売命《ほとたたらいすすきひめのみこと》で、またの名は比売多多良伊須気余理比売《ひめたたらいすけよりひめ》。こういうわけでヒメは神の御子なのです〉

オオモノヌシが湟咋の娘を望んだ理由、さらにその娘をオオクメが皇后に薦める理由を示唆するのが、茨木市五十鈴町に鎮座する溝咋《みぞくい》神社である。主祭神は玉櫛媛《たまくしひめ》（セヤダタラヒメ）と媛蹈鞴五十《ひめたたらいす》鈴媛命《ずひめのみこと》（イスケヨリヒメ）。溝咋は湟咋と同義で、溝は水路、咋は水路を支える杭を意味し、三嶋が農業先進地だったことが推測できる。

「三嶋は、銅鐸を各地に供給した一大生産地でもありました」

そう話すのは同市立文化財資料館学芸員の清水

邦彦氏である。同神社の南西に広がる弥生時代の東奈良遺跡からは、三十六点もの銅鐸の鋳型片（国の重要文化財）が見つかっている。ヒメたちの名に、金属精錬で使う足踏みフイゴや炉を意味する「タタラ」がついているのは、こうした土地柄を示しているのだ。

「イススキやイスケという語には、振り動かすことで霊や命をよみがえらせ、招き寄せる呪能の意味がある。稲穂の豊かな結実を祈願し、銅鐸を鳴らして稲魂を招く姿が想像できる」

皇后候補となったイスケヨリヒメについて、古事記学会の三浦茂久氏はこう話す。畿内の先進地を祭祀《さいし》によって治める女性。このヒメこそイハレビコの皇后にふさわしい、と忠臣のオオクメは考えたのだ。

〈事代主神《ことしろぬしのかみ》、三島溝橛耳神《みぞくひみみのかみ》の女《みむすめ》、玉櫛媛に共《あ》ひて生める児《みこ》、号《なつ》けて媛蹈鞴五十鈴媛命と曰《まを》す〉

日本書紀は、イスケヨリヒメの父を大国主命の子のコトシロヌシと記す。書紀は古事記より明確に、初代皇后を出雲の血統と書いている。立后は、国譲りした勢力との融和を図るものだったことがうかがえる。

コトシロヌシは、溝咋神社から約二キロしか離れていない三島鴨《みしまかも》神社（高槻市三島江）に祭られ、溝咋神社には往古、御輿《みこし》が行き来した。
松井位幾《なりふさ》宮司は「ご祭神が妻や娘に会いに行くお渡りだった」と話す。初代皇后は、出雲の神に愛された娘でもあったのである。

三嶋の銅鐸

銅鐸は弥生時代の中、後期に盛んに造られ、忽然《こつぜん》と姿を消す謎の祭器。時代とともに大型化し、内部の舌《ぜつ》を揺らして音を聞く銅鐸から、祭壇に置いて見る銅鐸へ変化したとされる。東奈良遺跡で製造していたのは古いタイプの聞く銅鐸だ。

全国で約五百点が出土している銅鐸が最初に製造されたのは、大阪周辺と推測されているが、その起源を探る上で注目されるのが同遺跡で出土した高さ十四センチの小さな銅鐸。国内最古とも指摘されるが、類例がないだけに考古学者の間で見解が分かれている。

3 恋物語のような一夜の契り

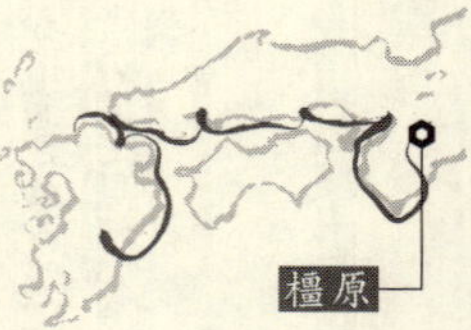

〈伊須気余理比売《いすけよりひめ》の家、狭井《さゐ》河の上に在り。天皇、其の伊須気余理比売の許に幸行《い》でまして、一宿《ひとよ》御寝《みね》坐《ま》しき〉

カムヤマトイハレビコノミコト（神武天皇）とイスケヨリヒメの結婚について古事記はそう記す。天皇がヒメのもとを訪ね、一晩をともにして夫婦の契りを交わしたという文である。

狭井川は、イスケヨリヒメの父、大物主神を祭る大神《おおみわ》神社（奈良県桜井市）のご神体、三輪山から流れる。

〈山ゆり草多《さは》に在り。故《ゆえに》其の山ゆり草の名を取りて、佐韋河と号《なづ》く〉

古事記があえて挿入文で記す通り、川沿いにはかつて、ササユリの群生が見られたという。

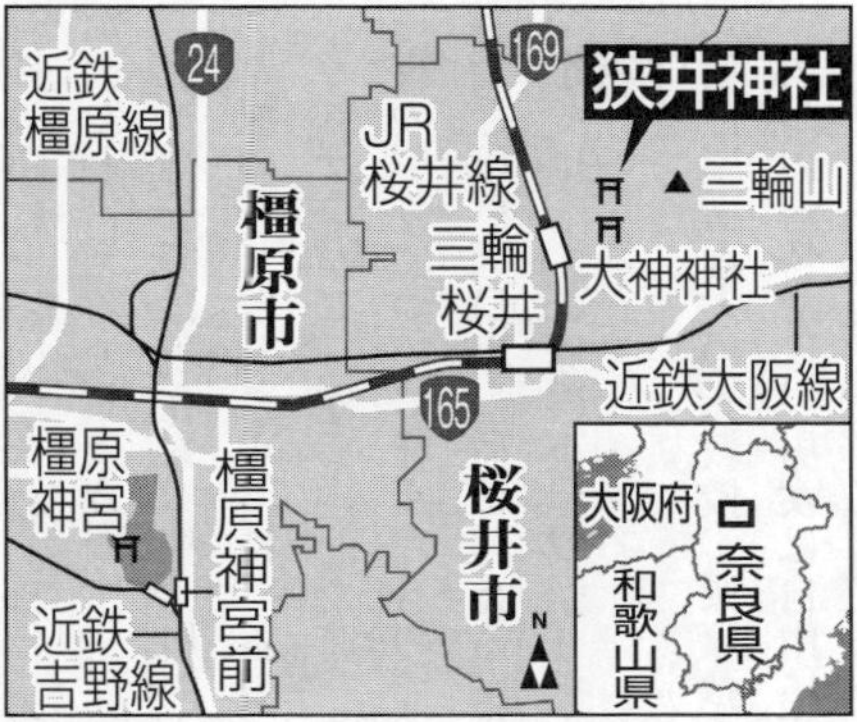

「現在でも六月、三輪山のササユリをイスケヨリヒメ様を祭る境外摂社の率川《いさがわ》神社に届け、『三枝祭』を行っています」

大神神社の山田浩之権禰宜《ごんねぎ》はそう話す。

イハレビコと結ばれる直前にはイスケヨリヒメは父の地、大和で暮らしていた。そのことを物語るように、川の南側にはオオモノヌシとイスケヨリヒメ、母のセヤダタラヒメを祭る狭井《さい》神社がある。

同神社には「薬井戸」と呼ばれる井戸があり、「ご神水」を求めて多くの参拝者が訪れる。三輪山は水脈が幾筋もめぐる水の豊富な場所なのだ。

麓で水不足になると、周辺の人々の願いを受けて神職が三輪山に登り、雨ごいをしたという。

「三輪の神様はいわゆる水源神でもあります。

神武天皇にとって、三輪の神様の娘との結婚は、この土地で稲作をするために必要だったと言えるでしょう」

大神神社では現在も、狭井川の水を引いて神に捧《ささ》げる米を栽培している。

〈葦原の　しけしき小屋に　菅畳　いや清敷きて　我が二人寝し〉

イスケヨリヒメが参内した時、天皇はこんな歌を詠んだ、と古事記は記す。二人の一夜の契りについて詠んだもので、葦原のむさくるしい小屋に菅の畳を敷いて二人で寝たとは、天皇が皇后に迎える女性と初めて過ごす夜にしては、質素な描写である。

「家ではなく葦原の小屋で契りを交わすというところが、古代の結婚習俗を表しています」

名古屋文理大の元教授、栗原弘氏はそう話す。

当時の習俗では、男女は自由に相手を選ぶことができ、相思相愛になれば人目を忍んでひそかに逢瀬を重ねた。その後、女性の親に認められて初めて、正式な夫婦になる、という経緯をたどった。

秘密の逢瀬ゆえに会うのは互いの家ではなく、女性の住まい近くにある山中など、人目に付かないところだったのである。

「権力者なので、相手選びこそ自由ではありませんでしたが、天皇でもこの習俗に従ったことがわかります」

政治的な思惑や利益で選んだ皇后ではあっても、結ばれる過程や心情は恋物語そのものだった。どこかほっとする歌である。

大神神社のササユリ

かつては神社周辺に多数咲き誇り、初夏の風物詩だった。しかし、自然環境の変化に敏感な植生のため、次第に数が減り、その姿があまり見られないようになった。

かつての風景を復活させようと平成二年、同神社の信奉者らを中心に「ささゆり奉仕団」が組織され、種から開花まで五〜七年かかるササユリを育成する活動を実施した。現在は境内の「ささゆり園」で群生する姿を観賞できる。

率川《いさがわ》神社の「三枝祭」は別名、ゆり祭り。酒樽にササユリを飾って、ご祭神を喜ばせる。

4 父の偉業を継いだ三兄弟

〈然《しか》してあれ坐《ま》せる御子の名は、日子八井命《ひこやゐのみこと》、次に神八井耳命《かむやゐみみのみこと》、次に神沼河耳命《かむぬなかはみみのみこと》。三柱〉

イスケヨリヒメを皇后に迎えたカムヤマトイハレビコノミコト（神武天皇）は三人の御子に恵まれた、と古事記は記す。神武の跡を継ぎ、二代天皇となるのは末子のカムヌナカハミミである。

そのために、日本書紀にはその人となりが詳しく書かれている。

〈風姿岐嶷《ふうしきぎょく》、少《わか》くして雄抜之気有《おおしきいきさしま》します。壮《おとこざかり》に及《いた》りて容貌魁偉、武芸人に過ぎて、志尚沈毅にまします〉

様子が人にぬきんでていて、幼少の頃から抜群に雄々しい気性で、壮年に及んでは姿も大きく立派で、武芸も人より優れ、志は沈着剛毅《ごうき》であった――。書紀はそう書く。

高評価の理由は、即位前に見せた知恵と勇気なのだが、その詳細は第十章の「多《た》当」芸志美々命《ぎしみみのみこと》の変」で紹介する。

宮殿は高岡宮（奈良県御所市）。四十五歳の若さで崩御し、陵は畝傍山《うねび》（同県橿原市）の麓にある神武天皇陵の北側にある。

「僕は汝命《いましみこと》を扶《たす》け、忌人《いはひびと》と為《な》りて仕へ奉らむ」

次男のカムヤヰミミは、身を慎んで神聖なる人を守る役に就こう、という言葉で弟に皇位を譲った、と古事記は記す。そして、祖として仰ぐ氏族の名を列記する。

〈意富臣《おほのおみ》、小子部連《ちひさこべのむらじ》、坂合部連《さかひべのむらじ》、火君《ひのきみ》、大分君《おほきたきみ》、阿蘇君《あそのきみ》、筑紫の三家連《みやけのむらじ》……〉

その数は十九もあって、最後に「等」と付けているので、その連枝の数は無数に近い。子孫が日本全国に散らばって、朝廷を支えた人だということだ。

「武力ではなく祈りで国を守ろうとした、心優しい人だったのでしょう」

カムヤヰミミを主祭神にする多坐弥志理都比古《おおにますやしりつひこ》神社（奈良県田原本町）の多《おお》忠記宮司はそう話す。同神社は通称「多神社」。この地の古代氏族、多氏の祖もカムヤヰミミである。

イハレビコゆかりの地、畝傍山の中腹に鎮座する八幡神社がカムヤヰミミの陵とされる。かつては八井神社としてカムヤヰミミを祭っていたとみられるが、現在は畝火山口神社の摂社になっている。

長男のヒコヤヰは最も存在感が薄い。古事記では〈茨田連《うまらたのむらじ》、手島連が祖〉と記されるのみで、日本書紀では名前すら載っていない。

ところが、大和から遠く離れた地に、ヒコヤヰを主祭神とする神社がある。阿蘇神社の摂社、草部吉見《くさかべよしみ》神社（熊本県高森町）で、ヒコヤヰは阿蘇地方の国造りに努めたと伝わる。

社伝では、神社の辺りはかつて大きな池で、ヒコヤヰは水を干し、池の主の大蛇を倒して宮居を定めたという。

やがて、カムヤヰミミの皇子・タケイワタツノミコトが阿蘇に派遣されると、ヒコヤヰは出迎え、娘を妻として与えた。そして伯父・甥《おい》は力をあわせ、九州鎮護と国土統一事業の一翼を担ったという。
兄たちがそれぞれの立場と能力で末弟をもり立て、神武の偉業を引き継いだことを、記紀と伝承は伝えている。

末子の活躍

神武天皇の跡を継いだのは三兄弟の末弟、カムヌナカハミミという歴史は、現代人には違和感もあるが、神話では末子相続、末子の活躍がごく普通に書かれている。

神武自身が四人兄弟の末子だったし、神武の祖父、ヤマサチビコも三人兄弟の末っ子。長兄のウミサチビコと争って降参させ、ウガヤフキアエズノミコト―イハレビコ（神武）という血統を確立させた。

ウミサチビコは隼人の祖となって皇室を守護している、とする古事記の記述は、神武の息子たちの関係と類似している。

5 豊穣の秋津洲 建国の夢実る

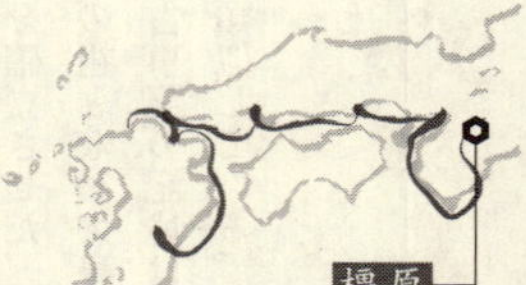

〈神倭伊波礼毘古天皇《かむやまといはれびこのすめらみこと》、御年《みとし》壱佰参拾漆歳《ももとあまりみそちあまりななつ》。御陵は畝火《うねび》山《やま》の北の方白檮《かし》の尾《を》の上に在り〉

古事記は、皇后イスケヨリヒメが産んだ三人の御子の記述を続けた後、カムヤマトイハレビコノミコト（神武天皇）について、いきなりこう記す。天皇に即位してからの治世には全く触れず、百三十七歳で崩御したことを書くのである。

天皇の治世については、崩御の年齢を百二十七歳とする日本書紀が詳しく書く。天皇は、即位から二年目に道臣命《みちのおみのみこと》ら忠臣に土地を与える論功行賞を行い、四年目には皇祖である「天神《あまつかみ》」を祭る神事を行った。そして即位三十一年目には「国見」を行う。

〈皇輿巡幸《すめらみことめぐりいでま》す。因《よ》りて腋上《わきがみ》の嗛間丘《ほほまのおか》に登りまして、国状《くにのさま》を廻望《めぐらしのぞ》みて……〉

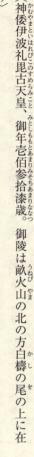

書紀が書く嗛間丘は、奈良県御所市の本馬山とも国見山ともいわれる。神武天皇はそこで、こう述べた。

「妍哉《あなにや》、国獲《え》つること。内木綿《うつゆふ》の真迮国《まさきくに》と雖《いふと》も、猶《なほ》し蜻蛉《あきづ》の臀呫《となめ》せるが如《ごと》もあるかも（ああ、なんと美しい国を得たことよ。本当に狭い国ではあるが、あたかも蜻蛉＝トンボ＝が交尾しているようでもあるよ）」

唐突に発せられる蜻蛉という言葉について、国際トンボ学会会長の井上清氏はこう話す。

「世界にはトンボを忌み嫌う民族もあるが、日本人ほど親しみを抱いてきた民族はいません」

トンボは害虫を食べる益虫で、稲穂が実る時期に水田を舞う。弥生時代の銅鐸にも描かれ、日本人は古くから、穀霊として認識してきた。

「トンボが輪状になって交尾する光景は、豊穣の象徴。稲穂が実った田でトンボが舞う風景の中で、国の繁栄を喜ぶ天皇の姿を描いているのでしょう」

現在、嗛間丘伝承地の眼下には秋津・中西遺跡がある。同遺跡では平成二十三年、弥生時代前期の広大な水田跡が見つかり、記述されている風景が広がっていたことを裏付けた。

〈是《これ》に由《よ》りて、始めて秋津洲《あきづしま》の号《な》有り〉

日本の美称である秋津洲は、天皇が称賛して発した言葉に由来する、と書紀は記す。

「東に美地《うましつち》有り。青山四周《よもにめぐ》れり」

海の神・塩土老翁《しおつちのおじ》に教えられ、イハレビコは日向を発って東征し、大和に入って橿原宮で初代天皇に即位した。書紀では六年、古事記では十六年とされる旅の末の国造りをこんな言葉で語った、と書紀は記す。

「夫《そ》れ大人《ひじり》制《のり》を立てて、義《ことわり》必ず時に随《したが》ふ。苟《いやし》くも民《おおみたから》に利有らば、何ぞ聖の造《わざ》を妨《さまた》げむ
（聖人は制度を立てるものであり、その道理は必ず時勢に適合する。民にとって利益になることであれば、聖人の業にどんな妨げも起こらないであろう）」

天皇は現在、皇后とともに橿原神宮（奈良県橿原市）に祭られる。久保田昌孝宮司はこう話す。

「民の心に寄り添い、仁政をされてきた歴代天皇の原点を見る思いがします。建国の夢は今も生きています」

長寿の理由

神武天皇の寿命が不自然に長い理由には諸説ある。なかでも日本書紀が、即位の年を紀元前六六〇年（弥生前期か縄文晩期）の「辛酉《しんゆう》年」とすることに着目し、辛酉の年に王朝が交代する辛酉革命説の影響で書紀編者が年代を作為したとする説は、神武天皇非実在論の論拠となった。

近年は、古墳時代後期までは一ヵ月の長さを十五日とする二倍暦などが存在し、実際の寿命を書紀の半分程度とする説も有力。その説では神武天皇の寿命は七十歳前。書紀では八一四歳で崩御した二代綏靖《すいぜい》天皇は長寿ではなかったことになる。

神武天皇が国見を行ったとされる国見山の山頂（奈良県御所市）本文218ページ

オオクメを祭る久米御縣神社。橿原宮だった橿原神宮からほど近い（奈良県橿原市）本文 202 ページ

カムヤヰミミの陵とされる八幡神社。畝傍山の中腹にひっそり立つ（奈良県橿原市）本文 216 ページ

第十章

多（当）芸志美美命の変

異母兄の野望を打ち砕いた二代天皇の勇気と徳

1 悲劇生んだ大后と妃の格差

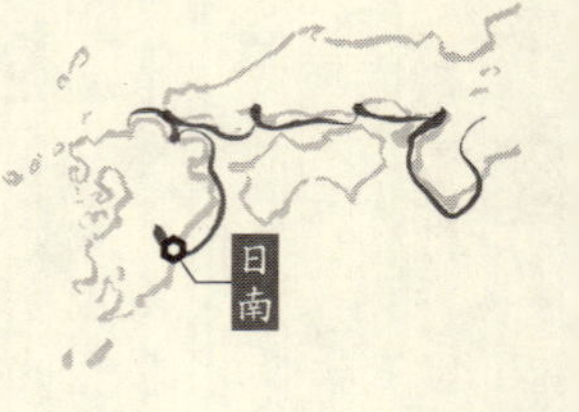

〈故《かれ》日向に坐《いま》しし時に、阿多の小椅君《をばしのきみ》が妹、名は阿比良比売《あひらひめ》に娶《あ》ひて、生みたまへる子、多芸志美美命《たぎしみみのみこと》、次に岐須美美命《きすみみのみこと》〉

古事記は、カムヤマトイハレビコノミコト（神武天皇）が大和で建国したことを書いた後、初めてその家族について触れる。〈然《しか》あれども更に、大后《おほきさき》と為《せ》む美人を求《ま》ぎたまふ〉。しかし、古事記の記述はそう続き、三人の妻子について、ほとんど書かない。

長子であるタギシミミについて、「手研耳命」という表記で、その活躍を書くのは日本書紀である。

〈天皇独り、皇子手研耳命と軍を帥《ひき》ゐて進み、熊野の荒坂津に至ります〉

〈其の庶兄《ままえ》手研耳命、行年《とし》已《すで》に長け、久しく朝機を歴《へ》たり〉

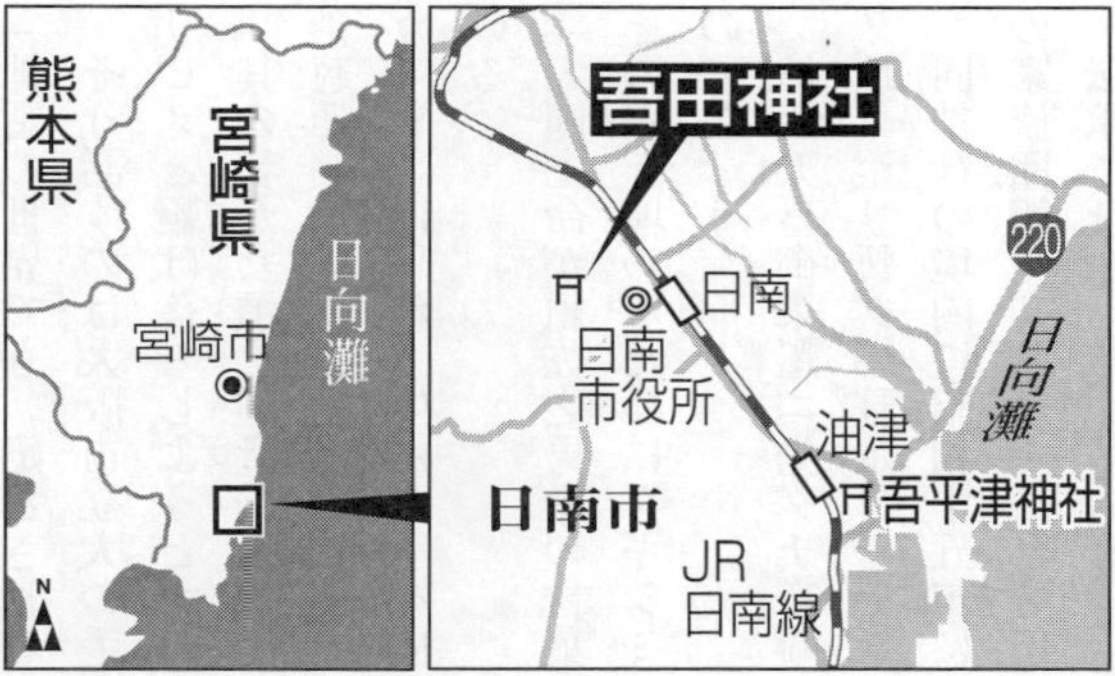

最初は、兄たちを失ったイハレビコが熊野まで進んだとき、次はイハレビコの崩御の後の記述である。東征中には軍勢の先頭に立ち、建国後は政治的手腕をふるったことがうかがえる。

「イハレビコが東征のために日向を発ったときは四十五歳ですから、長子のタギシミミは二十代半ばの頼もしい青年、崩御のときも働き盛りだったのではないか」

古事記が書く阿多とされる地に立って、タギシミミを祭る吾田《あがた》神社（宮崎県日南市）の日高輝久宮司はそう話す。

記紀ともにタギシミミを書く場合、崩御後は必ず冠する言葉がある。「庶兄」である。異腹、妾腹の兄という意味で、イハレビコが建国後、大后を求めたとする古事記の記述と符合する表現だ。

「神話の世界でも、妃とされる妻と大后、皇后とされる妻には格差があった」

そう話すのは大阪市立大の毛利正守名誉教授。それを象徴的に示すのは、娘のスセリビメと駆け落ちしようとする大国主命に、須佐之男命が悔し紛れに放つ言葉である。

「其の我が女《むすめ》須世理毗売《すせりびめ》を適妻《むかひめ》と為《し》て」

適妻とは正妻、嫡妻のことで、このスセリビメが来たために大国主命の妃だったヤカミヒメは恐れ、生んだ子を置き、稲羽（因幡）国に帰ったことが古事記に記されている。

「大国主命が須佐之男命の言葉に従ったように、妃と大后の差は実家の力の差です。その差を埋めるためにタギシミミは父の死後、皇后を妻にし、悲劇的な最期を遂げたのでしょう」

〈神武天皇御東遷ニ先ダチ宮崎ノ宮ヨリ妃吾平津媛命《あひらつひめのみこと》乃皇子達ヲ随へ御出生地タル此ノ地ニ至リ暫ク御駐輦アラセシト伝フ〉

同神社の境内に昭和十五年に建てられた石碑は、東征前のイハレビコがここで最後の家族団欒《だんらん》を楽しんだことを伝えている。

伝承ではその後、イハレビコはタギシミミだけ伴って日向を発った。妃のアヒラ（ツ）ヒメは阿多で夫の無事を祈り、次男のキスミミは民とともに耕作に従事した。

「自ら身を引くような二人の生き方が、穏やかなこの土地らしいものです。ご祭神（タギシミミ）も東征に行かなかったら、違った人生だったかもしれません」

日高宮司はそう話す。

日南の神々

日向南部で海に面した宮崎県日南市には、神話の敗者を祭る神社が多い。

タギシミミを祭る吾田神社には母のアヒラヒメも合祀《ごうし》され、裏山には小さいながらも二人の陵もある。アヒラヒメを主祭神にする吾平津神社は、地元では乙姫神社と呼ばれる。甲に対する乙で、大后の座を望まなかったヒメの人柄をしのばせる。

日向灘から広渡川をさかのぼった地にある潮嶽《うしおだけ》神社は全国で唯一、ウミサチビコを主祭神にする神社。イハレビコの祖父で、弟のヤマサチビコに敗れた神も地元では手厚く祭っている。

2 反逆の始まり 父の皇后を妻に

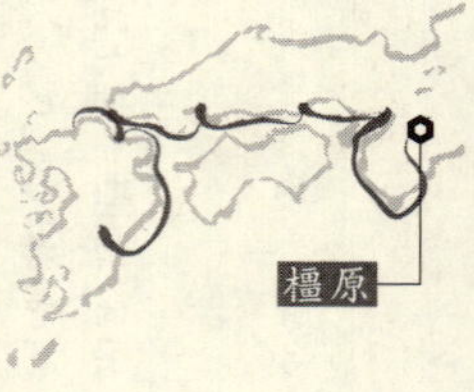

〈故《かれ》天皇の崩《かむあが》りまし後に、其の庶兄《ままえ》当芸志美々命《たぎしみみのみこと》、其の適后《おほきさき》伊須気余理比売《いすけよりひめ》に娶《あ》へる〉

カムヤマトイハレビコノミコト（神武天皇）の長子、タギシミミの反逆の始まりを古事記はこう記す。天皇崩御の後、義母である皇后、イスケヨリヒメを妻にしたのである。

イスケヨリヒメは第九章で紹介したように、大和・三輪山（現在の奈良県桜井市）の神で、出雲の大国主命の分神でもある大物主神《おおものぬしのかみ》の娘である。

母方の実家は、当時の農業先進地で銅鐸の一大生産地でもあった三嶋（現在の大阪府北部）を治める。

その出自を見込んだ臣下の大久米命《おほくめのみこと》が大后《おほきさき》にふさわしいと考え、イハレビコに勧め

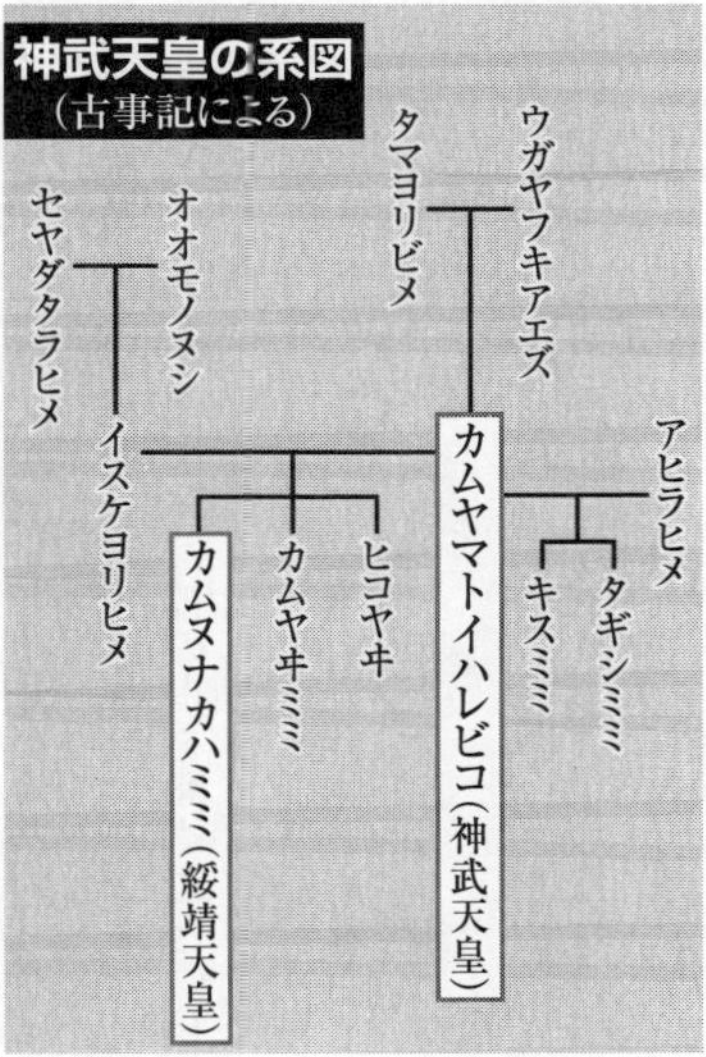

た「媛女《をとめ》」でもある。まさに大后を出す力のある実家を持った女性だった。

「オオモノヌシは大和を支配する神。大和を治めるためにタギシミミは、父と同じことをする必要があると考えたのでしょう」

奈良県立万葉文化館の井上さやか主任研究員は、そう指摘する。

イスケヨリヒメは日本書紀では、「媛蹈韛五十鈴媛命《ひめたたらいすずひめのみこと》」と記される。たくさんの鈴が付いているヒメという意味だ。

「古代の人々は鈴の音色に霊性を感じ、神を招く道具として鈴を用いてきました。神とつながる巫女《みこ》的な要素が、名前として表れていると考えられます」

古代の鈴の出土が多い福岡県宗像市の郷土文化課、石山勲氏はそう話す。古事記が記す「イスケ」という語にも、振り動かすことで霊や命を甦《よみがえ》らせる意味が含まれる。

記紀ともに、初代皇后は神の声を聞くことに長《た》けていた女性だったことを示唆している。

タギシミミは、皇后のこうした能力にも注目したと考えられる。神託が政治を左右する古代、こうした妻を持つことは、皇位継承の名乗りを上げたにも等しいことだった。

「古くからの結婚習慣として、夫を亡くした妻を夫の兄弟や義理の息子が妻とすることはありました」

川村学園女子大の梅村恵子教授はそう話す。

家として血脈の維持を重視するからであり、女性にとっても婚家にとどまることで、生存権や自分の財産を守る利点があったのだ。

「しかし、この場合は、イスケヨリヒメの合意があったとは思えません。タギシミミが無理やり自分の妻にしたという印象です」

三十代敏達《びたつ》天皇の死後、皇位を狙った弟の穴穂部皇子《あなほべのみこ》が皇后の炊屋姫《かしきやひめ》（後の推古天皇）を強引に手に入れようとしたのと同じ構図だとの指摘である。タギシミミの強引さを想像させる記述が日本書紀にある。
〈立操厝懐《りつさうそくわい》、本より仁義に乖《そむ》き、遂に以ちて諒闇《りやうあん》の際に、威福自由なり〉
心を物欲に置き、心構えが元々、仁義の道に背き、天皇の服喪の間にも権力と幸福をほしいままにした、というのだ。
やがて、タギシミミの野望は、次の標的に向く。天皇と皇后の間に生まれた三人の御子である。

浦安の舞

昭和十五年八月、皇紀二六〇〇年の奉祝臨時祭の舞として全国一斉に奉奏するために制定された神楽。古代の鈴の役割を連想させる鈴舞がある。

昭和天皇の歌に、当時の宮内省楽部の楽長、多忠朝《おおのただとも》が作曲・作舞した。現在も橿原神宮（奈良県橿原市）をはじめ、全国の神社で舞われている。

舞は前半が扇舞、後半が鈴舞。鈴舞は「三種の神器」を模した鈴を鳴らしながら舞うのが特徴。

この鈴のように舞人が持つ道具は「採物《とりもの》」と呼ばれ、古代の神がかりの道具の名残とされる。

3 息子の危機を救った母の歌

〈其の三《みはしら》の弟を殺さむとして、謀る間に、其の御祖《みおや》伊須気余理比売《いすけよりひめ》、患《うれかん》へ苦しびて〉

夫となった当芸志美々命《たぎしみみのみこと》が義弟、自分にとっては実の子である三人の御子を殺そうとしていることを知ったイスケヨリヒメの苦悩を古事記はこう書く。

三人の弟とは、カムヤマトイハレビコノミコト（神武天皇）とイスケヨリヒメの間に生まれた日子八井命《ひこやゐのみこと》、神八井耳命《かむやゐみみのみこと》、神沼河耳命《かむぬなかはみみのみこと》のことである。

〈歌を以ち其の御子等に知らしむ〉

悩み苦しんだ末にイスケヨリヒメは、歌で危機を知らせた、と古事記は記す。その歌は二首。現在、大神《おおみわ》神社（奈良県桜井市）の近く、狭井《さい》川のほとりに一首の歌碑が置かれている。

〈狭井河よ　雲立ちわたり　畝火《うねび》山　木の葉さやぎぬ　風吹かむとす〉

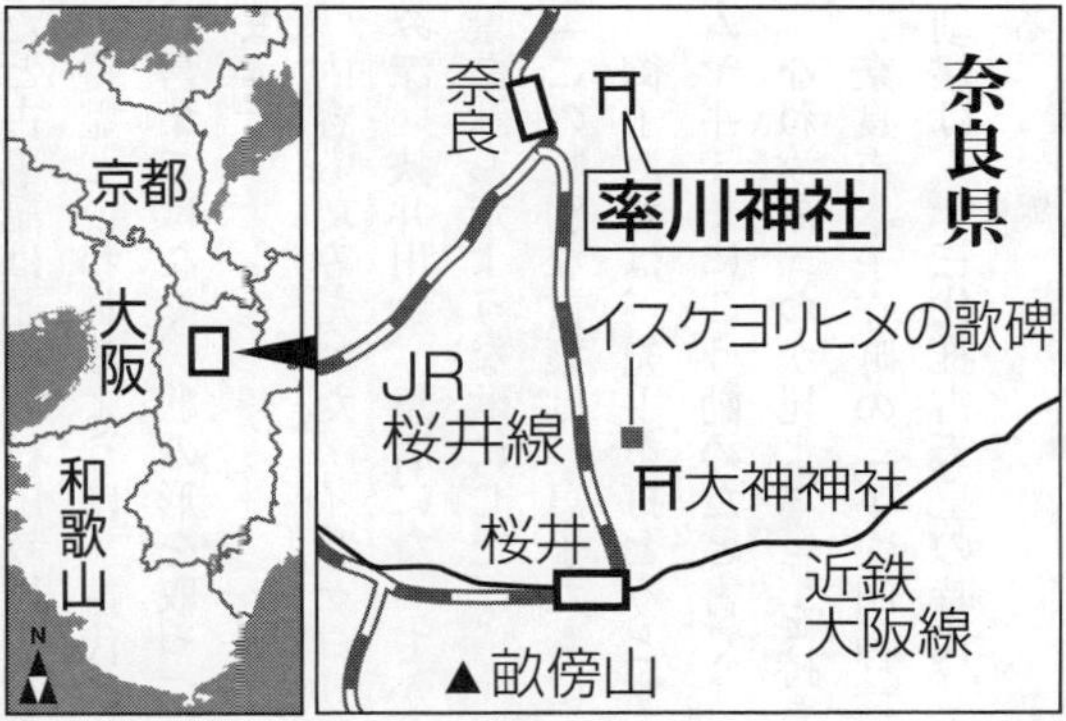

（狭井川の方から雲が立ち広がってきて、畝傍《うねび》山では木の葉が鳴り騒いでいて、風が吹き出そうだ）

〈畝火山　昼は雲とゐ　夕されば　風吹かむとそ　木の葉さやげる〉

（畝傍山では昼間は雲が揺れ動き、夕方になると、大風が吹く前触れとして木の葉がざわめいている）

「二首はどちらも、これから吹く風、まだ揺れていない木の葉のざわめきを詠んでいる。これから起ころうとする大きな自然現象を予知する歌で、何か不穏なことが起こる不気味さを感じさせます」

大阪市立大の村田正博教授はそう話す。この歌は御子たちの耳に直接届き、迫る危機に驚いたと古事記は記す。村田教授は、文面ではなく声で伝えられた点に注目する。

「言霊といわれるように、古代には声には力があると信じられていました。日常の話し言葉ではなく、歌の形を取っているのも、心して聞くように促すためだと考えられます」

　内容も巧みだった。イスケヨリヒメは、イハレビコと結婚するまで住んでいたなじみ深い狭井川と、皇后になってから、そのふもとで暮らす畝傍山を織り込み、単に風景を詠んだような歌にした。

「この特別な言葉は、息子たちにしかわからなかったかもしれません」

　御子たちは、先手を打とうとする。古事記は、末子のカムヌナカハミミが次兄のカムヤヰミミにこう勧めたと書く。

「なね汝命《いましみこと》（わが兄よ）、兵を持ち入りて、当芸志美々を殺したまへ」

　奈良市本子守町の「子守明神」。イスケヨリヒメを祭る率川《いさがわ》神社はそう呼ばれる。創建は三十三代推古天皇の時代。安産、育児、家庭円満などの神として信仰されている。

「綏靖《すいぜい》天皇（カムヌナカハミミ）をはじめ、三人の御子をお産みになっただけではなく、歌で御子の危機を救った母ということが、今も人々を引きつけているのではないでしょうか」

同神社を摂社にする大神神社の山田浩之権禰宜はそう話す。妻より母。その決断が信仰を生んでいる。

皇后を祭る神社

歴代天皇を祭る神社が全国に多数存在するのに対して、皇后を主祭神としている神社は多くない。

初代皇后、イスケヨリヒメは率川神社のほか、畝傍山の東大谷日女命神社にも祭られている。

皇后で最も多く祭られているのは十四代仲哀天皇の神功《じんぐう》皇后。古事記によれば、仲哀天皇が急逝した後、十五代応神天皇を身ごもりながら、朝鮮半島に出兵したとされる皇后だ。

宮地嶽《みやじだけ》神社（福岡県福津市）や聖母宮《しょうもぐう》（長崎県壱岐市）など、朝鮮出兵の拠点となった北九州を中心に各地に祭られている。

4 弟の勇気たたえ皇位を譲る

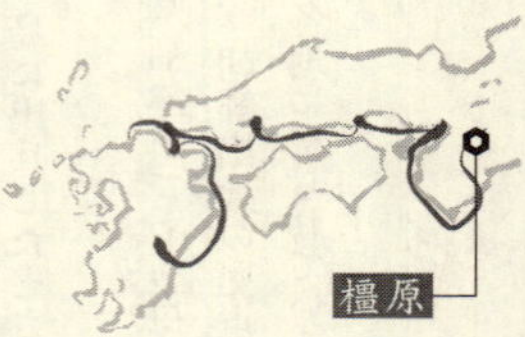

〈故兵を持ち、入りて殺さむとする時に、手足わななきて殺さず〉

皇位をねらう義兄、当芸志美々命《たぎしみみのみこと》を討とうとした神八井耳命《かむやゐみみのみこと》について、古事記はこう書く。

土壇場で手足が震え、おののいて、武器を使うことができなかったのである。

〈故尓《しか》して其の弟神沼河耳命《かむぬなかはみみのみこと》、其の兄の持てる兵を乞い取り、入りて、当芸志美々を殺したまふ〉

兄の武器を譲り受けた弟は、踏み入ってタギシミミを殺した。首尾を果たした弟に、兄は言う。

「吾は兄にあれども、上と為《な》るべくあらず。是を以ち汝命《いましみこと》、上と為り、天の下治《し》らしめせ」

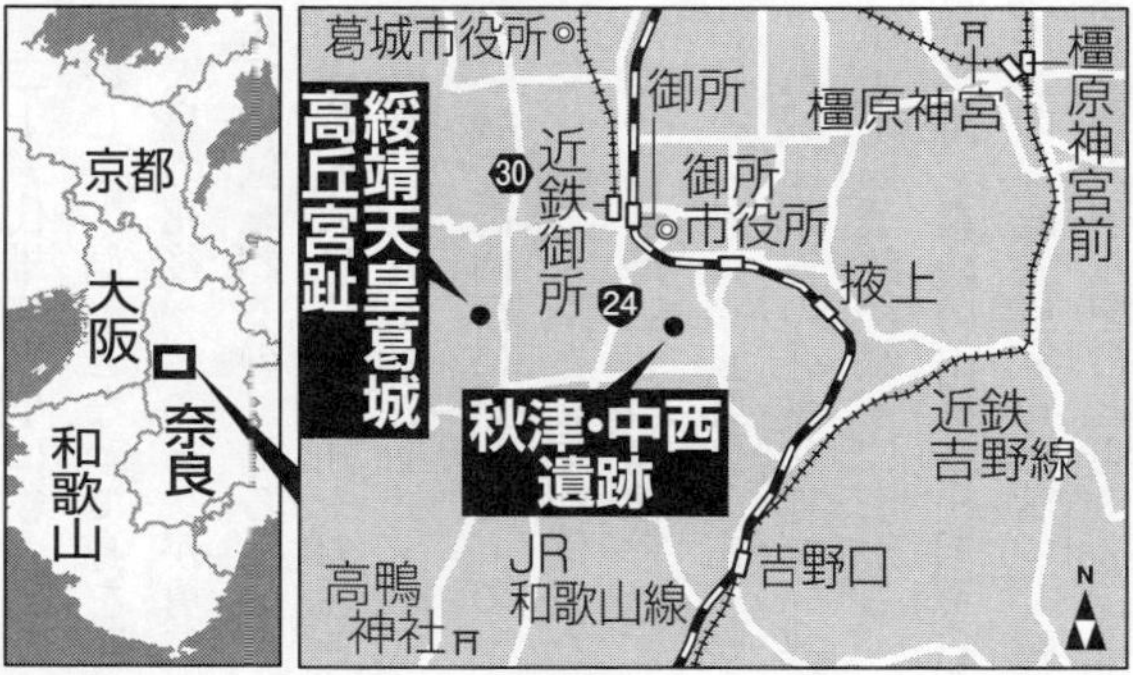

カムヤヰミミが弟に皇位を譲ろうとする理由は、日本書紀に書かれている。

「汝、特挺《すぐ》れて神武《たけ》くして、自ら元悪《あた》を誅《つみな》ふ。宜《うべ》なるかも、汝の天位《たかみくら》に光臨《のぞ》みて皇祖の業を承《う》けむこと」

あなたは衆にぬきんでて武勇に優れ、自ら大悪人を誅伐したのだから、皇位に就いて当然だ、と言うのである。

「後継者の兄から勇気ある弟が皇位を譲られることで、より徳の高い人物であることが表現されている。兄も引き立て役のようだが、謙譲の美徳として両者が立てられている」

皇学館大の荊木《いばらき》美行教授はそう話す。兄が、勇気ある弟に皇位を譲る話はその後も記紀に書かれる。二十三代顕宗《けんぞう》天皇誕生の経緯がそれだ。

二十一代雄略天皇に殺された市辺之忍歯王《いちのべのおしはのみこ》の御子、オケとヲケの兄弟は、身の危険を察して牛飼いとなって身を隠した。

天皇の死後、弟のヲケが勇気を奮って名乗りを上げる。兄のオケは、弟の功をたたえて皇位を譲るのである。

「当時の天皇には機知や力強さが求められていて、そうした祖先の努力によって政権の基礎が築かれたことが、宮中で語り継がれていたのでしょう」

〈葛城の高岡宮に坐して天の下治《し》らしめしき〉

二代綏靖《すいぜい》天皇として即位したカムヌナカハミミが宮に定めた場所を、古事記はそう書く。日本書紀も「高丘宮」と表記し、その場所とされる地には「綏靖天皇葛城高丘宮趾」の碑（奈良県御所《ごせ》市）が立つ。

葛城山東麓の奈良盆地を一望する高台で、弥生時代の広大な水田跡が見つかった秋津・中西遺跡が眼下に広がる。

「当時、葛城の山は鴨族が支配していた」と鴨（加茂）社の総本宮、高鴨神社（同市）の鈴鹿義胤《よしたね》宮司は話す。鴨族は阿治須岐高日子根命《あじすきたかひこね》や事代主命《ことしろぬし》ら、国譲りした大国主命の子らを祖とする。

鈴鹿宮司は、神武、綏靖、安寧、懿徳《いとく》の四代の天皇が鴨族系の女性を皇后としたと指摘し、その理由をこう話す。

「鴨族は、農具の性能を飛躍させる製鉄技術や農作業と祭祀の時期を決める天体観測の知識を持っていたと考えられます」

カムヤマトイハレビコノミコト（神武天皇）の跡を継いだ二代目の、政略結婚の必要性をも理解する政治力が読み取れる。

オケとヲケ

二人の父、イチノベノオシハは、十七代履中天皇の御子。十九代允恭《いんぎょう》天皇の御子だった雄略天皇にとっては皇位継承のライバルだったため、まだ大長谷命《おおはつせのみこと》だった雄略天皇に殺された。

雄略天皇の死後、顕宗天皇となったヲケは、雄略天皇の陵を壊して非道に報いようとするが、その役目はオケが自ら受け、一部を壊しただけで天皇を諭す。「天の下治らしめしし天皇の陵悉《ことごと》くを破壊《こほ》たば、後の人かならず誹謗《こし》らむ」

理を尽くした兄の諫言に弟は従い、やがて崩御。オケは二十四代仁賢天皇として即位する。

5 領土拡大
豊作の祈りで支え

義兄の当芸志美々命《たぎしみみのみこと》を討った弟の神沼河耳命《かむぬなかはみみのみこと》に、兄の神八井耳命《かむやゐみみのみこと》はこう言ったと古事記は記す。

「僕は汝命《いましみこと》を扶《たす》け、忌人《いはひびと》と為《な》りて仕へ奉らむ」

忌人とは、心身を慎んで神聖なものを護《まも》り、仕える人のことだが、日本書紀はさらに明確に、カムヤヰミミは告げたと書く。

〈「吾《われ》は汝の輔《たすけ》と為りて、神祇《あまつかみくにつかみ》を奉典《つかさどりまつ》らむ」とまをす。是則ち多臣《おほのおみ》が始祖《はじめのおや》なり〉

カムヤマトイハレビコノミコト（神武天皇）が皇后イスケヨリヒメとの間に設けた三人の御子は、末子のカムヌナカハミミが二代綏靖《すいぜい》天皇となり、次兄のカムヤヰミミは自ら望んで、天地の神々を祭る司祭者となったのである。

その祭祀を行ったと考えられるのは、カムヤヰミミを主祭神とする奈良県田原本町

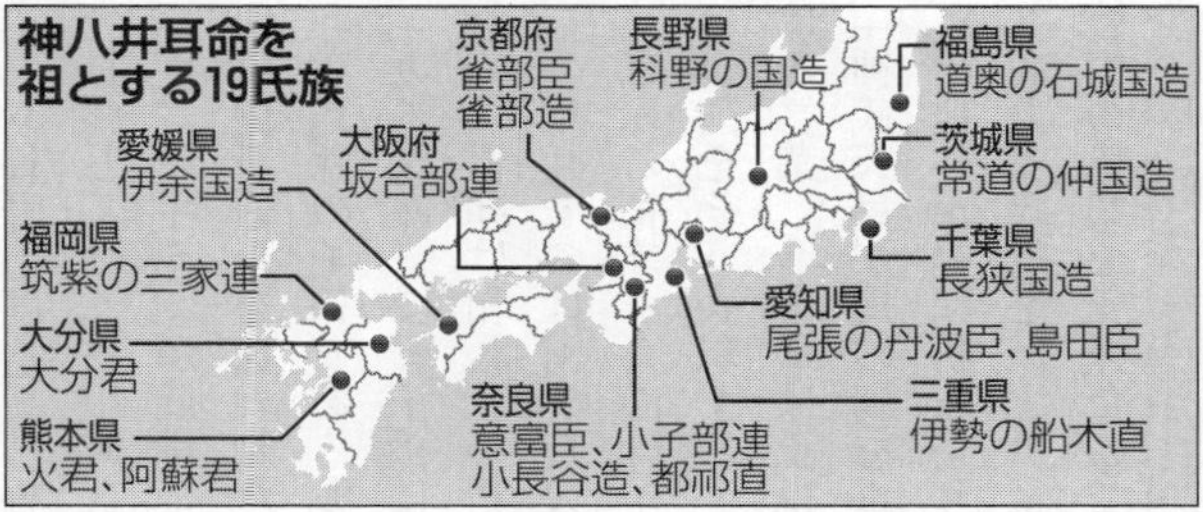

の多坐弥志理都比古《おおにいますみしりつひこ》神社（多神社）。ここは古事記を編纂した太安万侶《おおのやすまろ》の出身地でもある。

「太陽は、春の植え付け時期には三輪山から出て、刈り入れの秋には二上山に沈みます」

安万侶から数えて五十一代目の多忠記宮司は、大和政権が神聖な山としてあがめた三輪山や二上山との位置関係から、カムヤキミミの祭祀を想像する。

「盆地の人々が集まり、五穀豊穣を太陽に祈る祭りや、感謝する祭りを大々的に行ったに違いありません」

〈神八井耳命は、意富臣《おほのおみ》、小子部連《ちひさこべのむらじ》、坂合部連《さかひべのむらじ》、火君《ひのきみ》、大分君《おほきたのかみ》、阿蘇君《あそのきみ》、筑紫の三家連《みやけのむらじ》……が祖なり〉

古事記は、カムヤキミミを祖とする氏族が十九もあることを、列記して強調する。国造《くにのみやつこ》や君、臣《おみ》、連といった、天皇から付与された姓《かばね》（尊称）を持つ氏族ばかりで、大和政権が全国各地に置いた地方官でもある。火君（熊本）や科野《しなの》の国造（長野）、常道《ひたち》の仲国造《なかの》（茨城）などは、大和政権が畿内から領土を拡張していく古墳時代、戦略的要所を押さえた有力豪族だ。

「カムヤヰミミが農耕祭祀を行い、その子孫が全国に広める先遣隊となることで、大和政権が領土を拡大したことを示しているのではないか」

意富臣の子孫である多宮司は、そう推察する。

「カムヤヰミミと子孫にまつわる記録には、軍事的なものがほとんどない。古事記が書く『言向《ことむ》け和《やわ》し』の精神で領土を広げたのでしょう」

そう話すのは国学院大の茂木《もてぎ》貞純教授である。

〈荒ぶる神等を言向け平げ和し、伏《したが》はぬ人等を退け撥《はら》ひて〉。古事記は、イハレビコの建国をそう表現する。言向けは、相手が能動的に服属するように仕向けるためにかける言葉。つまりは説得で、それでも従わぬ者にだけ武力で対峙《たいじ》したのだ。

「神武天皇が民の利を重視したように、彼らも万人が納得する理想を掲げたのでしょう。豊作を神に祈る祭りは、豊かな生活につながるものですから」

武力で政敵を倒す勇気がなかったカムヤヰミミは、父から受け継いだ精神と祭祀で、建国の偉業を支えたのである。

言向け和し

相手の自発的な服従を促して平和裏に国土を広げたという意味で古事記が使っている言葉。高天原《たかまがはら》の天照大御神《あまてらすおおみかみ》が、大国主命に葦原中国《あしはらのなかつくに》に国譲りを迫る際や、イハレビコの大和平定の過程などで使われている。

さらに七代孝霊天皇の時代に「吉備国を言向け和しき」と記され、奈良盆地外への国土の拡張が初めて示唆されている。十二代景行天皇の皇子・ヤマトタケルノミコトが蝦夷《えみし》などを平定する遠征では頻出する。南九州から北関東に至る広範な遠征で、ヤマトタケルが和戦両様で実績を積んだことを古事記は書いている。

イスケヨリヒメを祭る率川神社。
祭神としては媛蹈鞴五十鈴媛命
と紹介している（奈良県奈良市）
本文 234 ページ

タギシミミを祭る吾田神社。地元では家族円満、安産などをかなえる神とされる（宮崎県日南市）本文 225 ページ

第十一章

歌の力・託される思い

戦意高揚あり
勝利の宴会歌あり
求婚の歌あり

1 勝利を祝う兵士の宴会歌

カムヤマトイハレビコノミコト（神武天皇）の東征の最終盤、畿内での戦いの日々を彩るもの。それは歌謡である。

古事記では、当芸志美々命《たぎしみみのみこと》の変を知らせた皇后・伊須気余理比売《いすけよりひめ》の歌謡まで含めると、十三首が記されている。

最初に登場するのが冒頭の歌謡。イハレビコを謀殺しようとした宇陀の首長、兄宇《えう》迦斯《かし》を討った後、恭順した弟《おと》宇迦斯が献上した大饗《おおあえ》（食事）を賜った兵たちが歌ったとされるもので、いわば宴会歌である。

〈宇陀の高く構えた砦《とりで》に鴫《しぎ》を捕るわなを仕掛けたら、私が待っている鴫はかからず、なんと鯨がかかったではないか〉

歌謡は前半で、そんな荒唐無稽な内容を歌い、後半で本妻と庶妻を分け隔てする男

宇陀《うだ》の　高城《たかき》に　鴫羂張《しぎわなは》る
我《わ》が待《ま》つや　鴫《しぎ》は障《さや》らず
いすくはし　鯨障《くぢらさや》る
前妻《こなみ》が　菜乞《なこ》はさば
立柧棱《たちそば》の　実《み》の無《な》けくを
こきしひゑね
後妻《うはなり》が　菜乞《なこ》はさば
いちさかき　実《み》の多《おほ》けくを
こきだひゑね
ええ、しやごしや。
此《こ》はいのごふぞ。
ああ、しやごしや。
此《こ》は嘲咲《あざわら》ふぞ。

の身勝手な心情を歌っている。

〈古妻が総菜を欲しがったら、立っているソバの実の少ないところを取ってやれ。新妻が欲しがったら、イチサカキの実の多いところを取ってやれ〉

「鳥を捕獲するわなに海の鯨がかかるという突拍子もない意外性で哄笑《こうしょう》を誘う宴会らしい歌、と解すのが定説だが、戦の禍々《まがまが》しさを祓《はら》う働きをしています」

元立命館大教授の真下厚氏はそう話す。古代人は、現実には存在し得ないことや不可能なことを歌うことで強い呪力が生まれると信じていた、という指摘である。

祓いの後は、生命力を求める願いを歌詞に込めている。共立女子大の遠藤耕太郎教授は「本妻と妾《めかけ》の対立という主題は沖縄・八重山の古謡や、朝鮮の祭りに現代も見られる」と話す。

たとえば韓国・済州島《チェジュ》の祭り「立春クッ」の仮面劇では、うら若い妾が老いた本妻を死ぬまで攻撃し、葬式を出す場面が演じられる。

「生産力のない本妻を冬の象徴として退け、春である生産力旺盛な妾を迎えて豊穣《ほうじょう》多産を祈願する祭りと考えられる。古事記の歌も主題は同じで、冬と春の対立、春の勝利という普遍的な豊穣予祝の原理を見いだすことができます」

〈ええ、しやごしや。これはざまあみろの意だ。ああ、しやごしや。これはあざ笑う意だ〉

歌の最後は、こんな囃子詞《はやしことば》である。遠藤教授は、「嘲咲《あざわら》ふぞ」という語の「咲」に着目する。

天の岩屋にこもった太陽神の天照大御神《あまてらすおおみかみ》を誘い出すアメノウズメの歌舞を見た八百万《やおよろず》の神々の笑いも「咲う」と、古事記は表記しているからだ。

「『咲』は、弱った太陽を再生させるための冬をやっつける笑いです。現代人が想像するとしたら、試合の流れを変えるスタジアムのどよめきのようなものでしょうね」

イハレビコの東征は畿内に入って軍旅に変わり、兄宇迦斯を討って以後は連勝街道になる。その勝報とともに、必ずと言っていいほど記されているのが歌謡である。勝利を寿《ことほ》ぎ、合図に使われ、戦意を高揚するためにも、歌謡が有用だったことを古事記は示している。

久米歌

東征で登場する歌謡の大半を、古事記は「久米歌」として紹介している。イハレビコに付き従った古代氏族・久米氏の風俗歌舞という意味合いだ。久米舞として今も残り、天皇即位後に最初に挙行される新嘗祭《にいなめさい》「大嘗祭《だいじょうさい》」で奏される。

日本書紀は、楽府《うたまいのつかさ》（宮廷の音楽・歌謡をつかさどる役所）で奏す時には舞の手の広げ方や、声の太さ、細さの別が決まっている、と書き、「古式が今に残っている」と説明する。大嘗祭の神祭りなどに続く宴会「豊明の節会《とよのあかりせちえ》」で披露され、無文字時代の歌謡文化を伝えるといわれる。

2 大刀を手に、いざ敵を討て

宇陀の兄宇迦斯《えうかし》を討った後、カムヤマトイハレビコノミコト（神武天皇）の軍勢は忍坂の大室に至る。そこには「尾生《お》ふる土雲の八十建《やそたける》」、つまりは多数の凶悪な者たちが待ち構えていた、と古事記は書く。イハレビコはその者たちに馳走をふるまい、一人一人に給仕夫をつけた。そして密《ひそ》かに命じた。

「歌ふを聞かば、一時《もろ》共に斬れ」

その歌が冒頭のものである。現代風に訳すと次のようになる。

〈忍坂の大きな室屋に大勢、集まり入っている。大勢入っていても雄々しい久米の兵が、二種類の大刀で撃ち殺してしまうぞ。雄々しい久米の兵が大刀を手に今だ、撃つべき時は〉

忍阪《おさか》の　大室屋《おほむろや》に
人多《ひとさは》に　来入《きい》り居《を》り
人多《ひとさは》に　入《い》り居《を》りとも
みつみつし　久米《くめ》の子《こ》が
頭椎《くぶつつ》い　石椎《いしつつ》いもち
撃《う》ちてしやまむ
みつみつし　久米《くめ》の子《こ》が
頭椎《くぶつつ》い　石椎《いしつつ》いもち
今《いま》撃《う》たば善《よ》らし

給仕夫になっていた兵たちは歌を聞くや、大刀を抜き、一挙に土雲を討ち滅ぼした、と古事記は記す。

「強敵に料理を振る舞ったのは油断させるためでしょう」と話す国学院大の谷口雅博准教授は、攻撃の合図に歌が使われた理由をこう推測する。

「相手に悟られないで攻撃を伝えるためでしょう。この歌を神武天皇が歌ったとすることで、天皇が『久米の子ら』を統率しつつ、自らも戦う姿を示しているという説もあります」

久米の兵たちが使った大刀のうち頭椎いは、先端が塊状の大刀。石椎いは先端が石でできた大刀で、石剣ともいわれる。

和歌山市の博物館・和歌山県立紀伊風土記の丘の学芸員、萩野谷正宏氏はこう話す。

「弥生時代の石剣は主に儀礼に用いるものですが、

サヌカイトという石で金属製の武器を模造したものは実用的だったようです」

歌詞は、イハレビコらがすでに石製の優れた武器を所持していたこともうかがわせている。

北海道大の金沢英之准教授は、土雲が「尾生ふる」と書かれていることに注目する。イハレビコが宇陀や忍坂で戦う前、吉野で恭順させた井氷鹿《ゐひか》や石押分之子《いはおしわくのこ》といった国つ神も「尾生ふる人」と表現されているからである。

「天つ神の御子であるイハレビコにとって、国つ神は秩序化されていない荒ぶる神。地上界を完成に導く神として、別世界に住む者と見ていたのでしょう」

土雲は日本書紀では土蜘蛛と書かれ、その伝承地は奈良県内に散在する。御所市高天の高天彦《たかまひこ》神社前の私有林はその一つ。土蜘蛛が住んでいたとされる蜘蛛窟があり、林の所有者の森村宗光氏はこう話す。

「昔、天皇の一軍が化粧を施して猿に扮《ふん》し、攻め入ったと伝わります。この伝承に基づく『猿打《さるち》』や『化粧坂』といった地名も周辺に残っています」

同神社から約三キロ離れた葛城一言主《ひとことぬし》神社（同市森脇）には蜘蛛塚がある。同市史によると、イハレビコに倒された土蜘蛛は頭、胴、足に切り分けられたという。

土雲にまつわる神話、伝承は、統治する者とされる者の優劣を、ことさら強調するものになっている。

「撃ちてしやまむ」

闘志を歌った久米歌に再三使われる歌詞。撃ってこそ止めよう、倒すまで攻撃を止めまいという意味で、戦中は戦意高揚のスローガンとしても用いられた。昭和十八（一九四三）年、陸軍省が「撃ちてしやまむ」の文字の入ったポスター五万枚を配布し、東京・有楽町の日劇ビル壁面には、約百畳もの巨大ポスターが掲げられた。

このため軍国主義と重ねて記憶する向きも多いが、もともとは国内統一の過程で使われた言葉。「八紘《はちくわう》を掩《おほ》ひて宇《いへ》と為《な》さむ」（八紘一宇）と同様、対海外戦争とは関係ない。

3 集団を一つにまとめる高揚感

忍坂《おしさか》の土雲たちを討った後、カムヤマトイハレビコノミコト（神武天皇）の兵らは左のように歌った、と古事記は記す。次の敵は「登美毗古」。大阪湾から生駒越えして大和を目指した際、手痛い敗北を喫した登美能那賀須泥毗《とみのながすねび》古《こ》である。

〈雄々しい久米の兵たちの粟の畑に強い韮が一本。その根と芽をひとくくりにするように撃ち取ってしまおう〉

〈雄々しい久米の兵たちが垣根に植えた山椒。口がひりひり、あの痛みを我らは忘れない。今度こそ撃ち殺してやるぞ〉

連勝で自信を深めた軍事氏族・久米氏が先頭に立つ軍勢と、激しい復讐《ふくしゅう》の念がうかがえる歌謡だが、同志社大の駒木敏名誉教授は、三番の歌詞に注目する。

みつみつし　久米《くめ》の子《こ》が
粟生《あはふ》には　香韮《かみら》一本《ひともと》
そねが本《もと》　そね芽《め》縛《つな》ぎて
撃《う》ちてしやまむ

みつみつし　久米《くめ》の子《こ》が
垣下《かきもと》に　植《う》ゑし山椒《はじかみ》
口《くち》ひひく　我《われ》は忘《わす》れじ
撃《う》ちてしやまむ

神風《かむかぜ》の　伊勢《いせ》の海《うみ》の
大石《おひし》に　這《は》ひ廻《もとほ》ろふ
細螺《しただみ》の　い這《は》ひ廻《もとほ》り
撃《う》ちてしやまむ

〈神風の吹く伊勢国の海の大きな石に這い回っている細螺のように、我らも這いずり回って撃ち殺してやるぞ〉

「陸の戦いを前にして、海のことをことさら歌う。久米氏の拠点が大和の南部にあったとすれば、熊野や伊勢の豪族と交流を持っていたことが考えられます」

　イハレビコは、ナガスネビコとの戦いで長兄の五瀬命を失った。二人の兄も熊野灘で離脱した。大切な味方を失う一方で、新たな味方を補充すれば、どう統率するかが重要になる。

「歌の機能の一つは集団をまとめること、団結心を養うことですが、この戦闘歌謡は高揚感もあって紐帯《ちゅうたい》としての役割をよく果たしています」

　歌謡は、集団統御のために欠かせない手段だったのである。一方で、歌詞に盛り込まれた食物の数々、粟に韮、山椒や細螺は、久米氏のもう一つの役割を示している。歴代天皇の軍旅を料理で支えたことだ。

〈倭建命《やまとたけるのみこと》、国平《ことむ》けに廻り行《い》でまし時、久米直《くめのあたい》が祖、名は七拳脛《ななつかはぎ》、恒《つね》に膳夫《かしはて》と為《し》て従ひ仕え奉りき〉

古事記は、十二代景行天皇の御子、ヤマトタケルノミコトの西征、東征には必ず久米氏の者が付き従っていたと書く。歌詞はその役割を、初代神武天皇の東征時から担っていたことをうかがわせる。

「この歌謡は、東征を支えた久米氏が自らの働き、功績を伝えるために伝承していたものでしょう」。立命館大の藤原享和教授はそう話す。

歌詞に込められた激しい闘志には天照大御神の意思が読み取れる、と指摘するのは北海道大の金沢英之准教授である。

「此の国に道速振《ちはやぶ》る荒振る国つ神等の多《さは》に在りと以為《おも》ほす」

天照大御神はそう言って高天原から、国譲りの使者を地上界に派遣した、と古事記は記す。

強暴にして荒れすさぶ神どもが数多くいる、と認識していたのである。東征は、譲られた国を治めるために行われた。

「だから言趣《ことむ》け、説得だけで国つ神が従えばよし。従わないときは徹底征伐すると考えて東征は行われたはずで、その一面をこの歌謡は伝えていると思います」

国つ神

一般に、天照大御神の孫ニニギノミコトが降臨する以前から地上界にいた神を指す。天照大御神ら高天原にいる神は天つ神と総称され、ニニギの曽孫、イハレビコとその子孫である歴代天皇は天つ神の御子ということになる。

国つ神の代表格は、天照大御神に国譲りした大国主命。国譲り神話では、大国主命の次男、タケミナカタノカミが高天原の使者、タケミカヅチノカミに力比べを挑み、敗れて命乞いした後に、大国主命は国譲りを承諾した。

この力比べは、天つ神と国つ神の最初の対立とされる。

4

空腹嘆く歌 戦いの構図示す

〈また兄師木《えしき》・弟師木《おと》を撃ちし時に、御軍《みいくさ》暫《しま》し疲れぬ〉

古事記は、登美能那賀須泥毗古《とみのながすねびこ》との復讐《ふくしゅう》戦を前に、カムヤマトイハレビコノミコト（神武天皇）の兵が高揚感ある戦闘歌謡を歌ったと記した後、こんな一文を入れている。

兄師木・弟師木とは大和・磯城（現在の奈良県桜井市付近）の勢力。宇陀の兄宇迦《えうか》斯《し》、忍坂の土雲のほかにも敵対した地元勢力がいたのである。

〈尓《しか》して歌ひて曰く〉

そう書いた後、紹介しているのが左掲の歌だ。

〈楯を並べて弓を射る伊那佐山の木々の間より、通り抜けつつ見張りつつ戦っていると、腹が減った。島にいる鵜を飼う友よ、すぐに助けにきてくれ〉

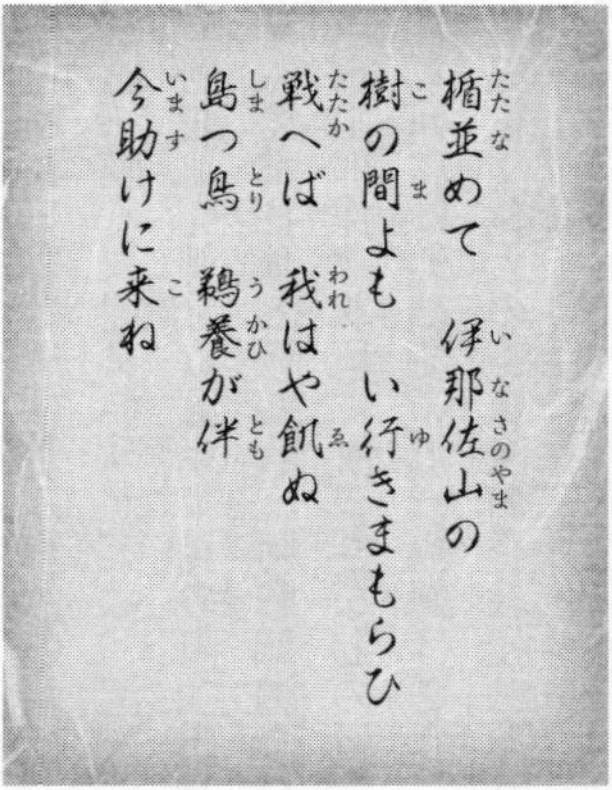

楯並《たたな》めて　伊那佐山《いなさのやま》の
樹《こ》の間《ま》よも　い行《ゆ》きまもらひ
戦《たたか》へば　我《われ》はや飢《ゑ》ぬ
島《しま》つ鳥《とり》　鵜養《うかひ》が伴《とも》
今助《います》けに来《こ》ね

歌詞にある伊那佐山は、現在の宇陀市内にある標高六三七メートルの伊那佐山と伝わる。この山を拠点に、楯や弓を手に奮闘する軍勢の姿がうかがえる。

「古代の宇陀は、上県《かみつあがた》と下県《しもつあがた》に分かれていて、伊那佐山はその境に位置する。兄宇迦斯を討って宇陀を支配下に置いたイハレビコが陣を敷くには、ふさわしい場所だろうと思います」

同市文化財課の柳沢一宏氏はそう話す。

空腹を覚えた兵が、鵜養に救いを求めることには意味がある。イハレビコは吉野で恭順させた「尾《お》生ふる人」、井氷鹿《ゐひか》と石押分之子《いはおしわくのこ》に出会う前に、「魚取る人」に遭遇している。国つ神の贄持之子《にへもつのこ》である。

〈此は阿陀《あだ》の鵜養の祖〉

古事記はそう紹介する。出会った地は現在の阿陀比売《ひめ》神社（奈良県五條市）と伝承される。この地を鵜養の祖が抑えていたことが、歌詞に唐突に鵜養が登場する理由ではないか。同市教委の文化財保存係長、前坂尚志氏はそう考える。

「イハレビコは奈良盆地を東から攻めたが、南の入り口の五條は鵜養の勢力が抑えていた。その勢力が援軍を出したことで兄師木・弟師木が討てたことを歌は示していると思います」

前坂氏の推測を裏付ける記述が日本書紀にある。

〈果たして男軍《をいくさ》を以《も》ちて墨坂《すみさか》を越え、後《しりへ》より夾《はさみ》撃ちて破り、其の梟帥《たける》兄磯城《えしき》等を斬りたまふ〉

イハレビコは、はさみ撃ちの戦術で強敵を打ち破ったのである。記紀を併せ読めば、空腹を嘆く人間臭い歌が実は、深みのあるものとわかる。

阿陀比売神社は薩摩半島の阿多出身のコノハナノサクヤヒメが祭神。この地は阿多隼人の移住地といわれ、阿陀郷鵜野村の古代地名の通り、近世まで鵜飼《うかい》がみられた。

「水田稲作、歌垣、餅つきなどの習俗を共有する文化ベルトが、中国の長江以南から日本列島に延びていて、鵜飼はこうした文化セットのひとつと考えられます」

大東文化大の工藤隆名誉教授はそう話し、鵜養の祖の活躍を歌っていることに注目する。

「熟練の技を使って神聖感漂う鮎を捕る鵜飼は、弥生時代には奥の深い文化として尊重されたでしょう。技術を代々伝える血統への敬意を歌詞に感じます」

鵜養（鵜飼）

飼い慣らした水鳥の鵜を潜水させ、捕獲した鮎などを吐き出させる漁。岐阜・長良川鵜飼などが有名で、古くは国内各地で行われていた。鵜は、世界中で生息するが、古くから鵜飼が盛んだった地域は、中国南部と日本にほぼ限られる。

古事記の国譲り神話には、河口の神の孫、櫛八玉神《くしやたまのかみ》が鵜に化け、天つ神にご馳走《ちそう》をする場面がある。イハレビコの祖父、ヤマサチビコの妻、トヨタマビメは鵜の羽で屋根を葺《ふ》いた産屋で出産した、と古事記は書く。鵜は、安産の霊力を持つ鳥とされていたことがわかる。

5

天皇の求婚 和やかに伝える

戦闘の合図歌や闘志をかきたてる戦闘歌謡。古事記の神武天皇（カムヤマトイハレビコノミコト）の章では武張った歌が多いが、大和を平定して皇后となるべき媛女を探す「伊須気余理比売《いすけよりひめ》の立后」の条では一転して、和やかな雰囲気が漂う歌が並ぶ。

〈是に七たりの媛女、高佐士野に遊行《あそ》ぶ。伊須気余理比売其の中に在り〉

高佐士野とは大和・大神《おおみわ》神社の北の台地。同神社の祭神、大物主神の娘であるイスケヨリヒメと天皇の出会いを、古事記はこう記した後、歌謡を二首並べる。家臣である大久米命《おほくめのみこと》とイハレビコが交わしたものである。

〈大和の国の高佐士野を、七人連れだって歩く乙女たち。そのなかの誰を妻となさいましょう〉

〈どの娘とも決めがたいが、一番先に立つ、年長の乙女を妻としよう〉

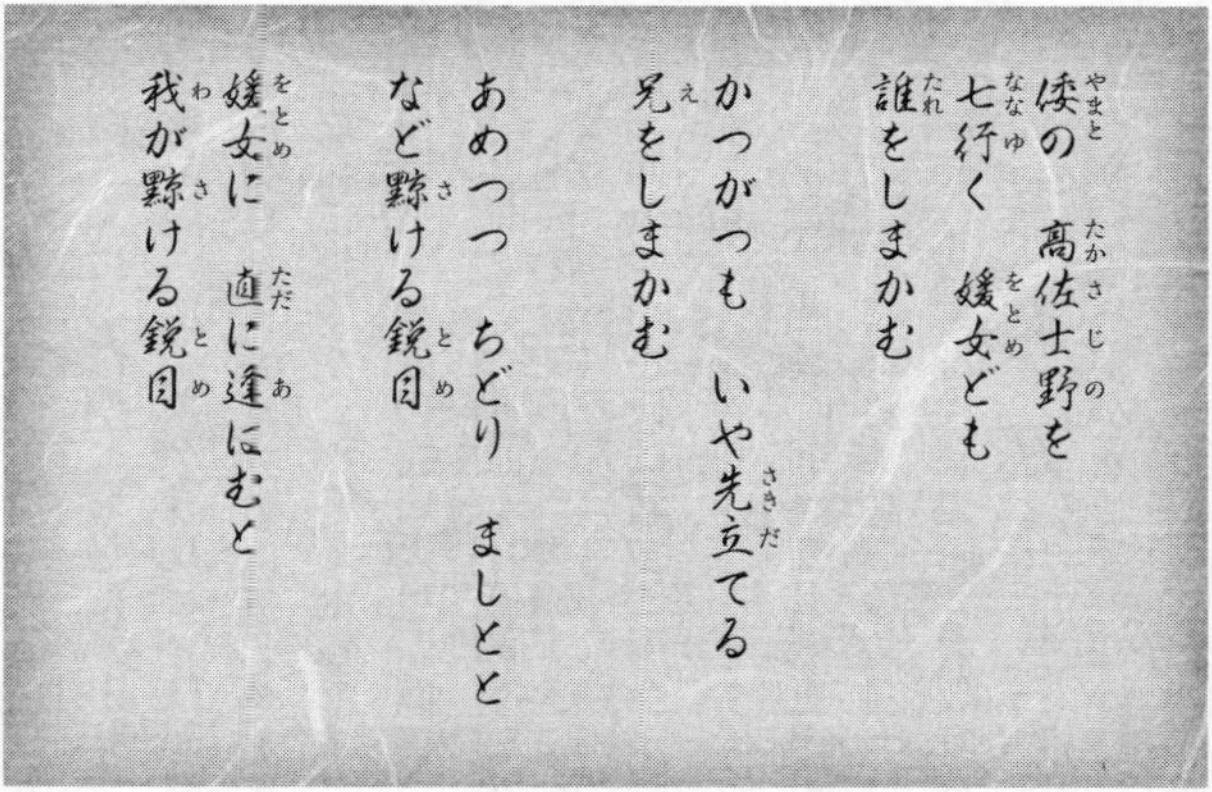

倭《やまと》の　高佐士野《たかさじの》を
七行《ななゆ》く　媛女《をとめ》ども
誰《たれ》をしまかむ

かつがつも　いや先立《さきだ》てる
兄《え》をしまかむ

あめつつ　ちどり　ましとと
など黥《さ》ける鋭目《とめ》

媛女《をとめ》に　直《ただ》に逢《あ》にむと
我《わ》が黥《さ》ける鋭目《とめ》

天皇の意向を確かめた大久米命は、イスケヨリヒメに天皇の言葉を伝えた。イスケヨリヒメは即答せず、三番目に掲載した歌で問いかけた。

〈雨つばめやせきれい、千鳥や鵐《しとと》でもないのに、どうしてそんなに裂けた鋭い目をしているの〉

「この歌には、イスケヨリヒメに歌を詠む優れた能力があることを示すこと、そして相手の力量を試したという二重の意味があります」

甲南女子大の神野富一教授はそう話す。天皇の代理で求婚する大久米命に歌で挑む姿を記すことで、イスケヨリヒメの聡明《そうめい》さを表現し、皇后にふさわしい女性であることを示し

ている という指摘である。大久米命も歌で返した。

〈お嬢さんに、じかにお目にかかりたくて、私の裂けた鋭い目は〉

返歌を聞いたイスケヨリヒメは即座に承諾した、と古事記は書く。

「イスケヨリヒメは見事に返した大久米命を代理とした天皇ならばと考え、『ではお仕え致しましょう』と答えたのです」

古代以来、身分の高い天皇が直接、求婚することはなく、伝えに行くのは家臣だった。古事記のこの場面は、その習慣の始まりを示すものでもある。

「歌垣が下敷きになっているのでしょう」と万葉文化館（奈良県明日香村）の主任研究員、井上さやか氏は話す。男女が野山に集まり、お互いに歌を詠み合って求婚する習俗が歌垣。

古事記は、当時の習俗を彷彿《ほうふつ》とさせる情景で、天皇の求愛を描いているのだ。

後半の二首にある「黥《さ》ける鋭目」は、久米歌を伝承する久米氏の立場を示すものでもある。今城塚古代歴史館（大阪府高槻市）館長の森田克行氏はこう語る。

「『黥』とは入れ墨のこと。鳥に例えられているから、大久米命の目の周りには鳥の足のように入れ墨が入っていたのでしょう」

入れ墨は古代、職業を示したり部族の証しだったが、支配者階級は入れない。この歌だけで、大久米命が支配される側の存在とわかるのである。

天皇の呼称の登場

古事記では、「伊須気余理比売の立后」の条で初めて、「天皇《すめらみこと》」という呼称がイハレビコに使われる。

この条の直前、「久米歌」の条の最後には〈畝火《うねび》の白檮原宮《かしはらのみや》に坐《いま》して、天の下治《し》らしめしき〉と書かれ、イハレビコが即位し、天皇と呼ばれるようになったことがわかる。

「天皇」の初出はイハレビコの曽祖父、ニニギノミコトがイワナガヒメを親元に帰し、コノハナノサクヤヒメと結婚した時。〈天皇命等の御命長くあらざるなり〉と、寿命が有限になったことを記す場面で用いられている。

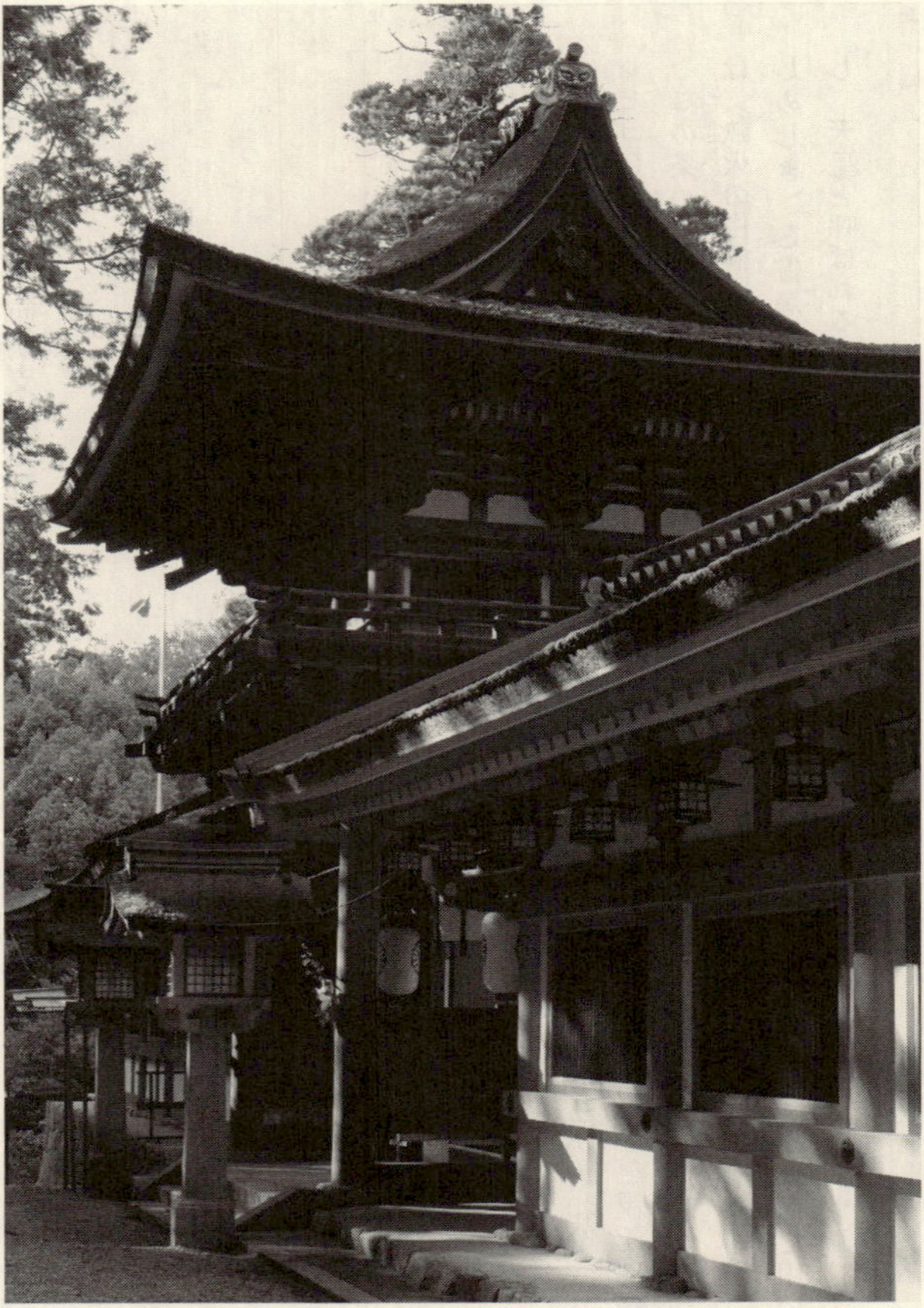

布都御魂を祭る石上神宮。日本最古の神社の一つとされる（奈良県天理市）本文276ページ

第十二章

偉業を支えた脇役たち

東征を手助けし
その後の国造りに尽力した
忠臣、兄らの貢献度

1

大和への海路 水先案内の大役

〈槁根津日子《さをねつひこ》〉

日向から大和に至る十六年（日本書紀では六年）。カムヤマトイハレビコノミコト（神武天皇）の東征は、多くの脇役に支えられた。

東征の大半は海路だった。そこで水先案内の大役を果たしたのが槁根津日子《さをねつひこ》（書紀では椎根津彦《しひねつひこ》）である。

〈亀の甲に乗り、釣り為《し》つつ打ち羽挙《はふ》き来る人、速吸門《はやすひのと》に遇《あ》ふ〉（古事記）

〈速吸之門《はやすひなと》に至ります。時に、一《ひとり》の漁人《あま》有り、艇《をぶね》に乗りて至る〉（日本書紀）

イハレビコとの出会いを記紀はこう書く。古事記での場所は、淡路島と神戸市垂水区にはさまれた明石海峡。書紀の場所は大分・佐賀関と愛媛・佐田岬が向かい合う豊《ほう》予《よ》海峡。

ともに潮の速い難所だが、古事記に従えば、槁根津日子は大阪湾からの臣下、書紀

柴田昌児愛媛大准教授の提供資料を基に作成

によれば、瀬戸内海全体を案内した功臣になる。

果たして、どちらが正しいか。『古事記伝』を書いた江戸時代の国学者、本居宣長は、豊後国に早吸日女《はやすひめ》神社が古くから鎮座する一方、明石海峡の周辺に「速吸」の地名がないとして、こう推断した。

〈書紀の傳《つたへ》ぞ正しかるべき〉

〈椎根津彦の根拠地は西宮付近であり、淡路島以東の大阪湾を支配する海部の首長にほかならない〉

昭和三十一年の論文でこう書き、宣長説と対立したのは皇学館大の田中卓《たかし》名誉教授である。根拠は、祭祀氏族の祖を椎根津彦とする大倭《おおやまと》神社（現在の大和《おおやまと》神社＝奈良県天理市）の「大倭神社註進状」裏書きで、こう書かれていることだ。

〈伝聞、我祖椎根津彦命、遊行在難波、以釣魚為楽〉

椙根津日子の子孫たちは、家祖が難波の海（大阪湾）を遊行し、釣りを楽しんでいたと伝承しているのである。

裏書きはさらに、家祖が海に浮かんでいた蛭児神《ひるこ》（えびす神）を廣田西宮三良殿（現在の西宮神社）に祭り、家祖自身が奥夷社《おくえびす》に祭られていることも伝えている。

奥夷社の鎮座地と推測されるのは、西宮神社から西へ五キロ、金鳥山《きんちょうざん》中腹の保久良《ほくら》神社（神戸市東灘区）。標高一八〇メートルの境内からは大阪湾が一望できる。境内に近接する金鳥山遺跡は弥生時代中期後半の高地性集落。この時代の高地性集落は瀬戸内海一円で、海を見下ろす場所に点々と見つかっている。

「海路で結ばれた地域共同体の情報伝達システムと考えられます。弥生時代の航行者にとってはランドマークでもあった」

愛媛大の柴田昌児准教授はそう話す。金鳥山遺跡から高地性集落をたどって海路を西へ向かうと、芸予諸島で北九州に向かう北ルートと、愛媛県への南ルートに分かれる。南ルートの先に豊予海峡がある。

高地性集落の研究を踏まえ、田中名誉教授は「豊予海峡で出会ったのは椎根津彦の分派だった可能性が出てきた」と話す。

東征後、槁根津日子は倭の国造《やまとくにのみやつこ》という重い地位を与えられた、と記紀は書く。瀬戸内海全域で功績を挙げたことが、ここからもうかがえる。

弥生の瀬戸内航路

弥生時代、瀬戸内海沿岸を中心とする高台に一時的に出現する高地性集落は、同時代の瀬戸内航路を考える手がかりになる。

三回の出現ピークがあり、第一次は弥生中期後半（紀元前一～後一世紀）ごろ。中国、朝鮮からの鏡や鉄素材が運ばれたルートと推定される。

第二次は弥生後期後半で、魏志倭人伝に記された倭国の大乱の時期と重なり、関連が指摘される。第三次は古墳時代初頭ごろ。

瀬戸内にとどまらず東海や北陸などにも広がり、十代崇神天皇が東国、北陸などに将軍を派遣したとする記紀の記述と重なる。

2 故郷に帰り地方を守った兄

〔御毛沼命《みけぬのみこと》〕

〈御毛沼命《みけぬのみこと》は、浪の穂を跳《ふ》み、常世国《とこよのくに》に渡り坐《ま》し〉

カムヤマトイハレビコノミコト（神武天皇）の三人の兄のうち、すぐ上の御毛沼命について、古事記はこう書く。海の彼方にある異界に行ったというのである。

日本書紀は、それはイハレビコ一行が熊野灘で暴風に襲われた時だとして、御毛沼命（書紀では三毛入野命《みけいりのみこと》）の言葉を書いている。

「我が母と姨《をば》とは、並びに是海神《これわたつみ》なり。何為《いかに》ぞ波瀾《なみ》を起てて灌溺《おぼほ》れしむる」

自分の母と伯母は海神なのに、どうして海は荒れて溺れさせるのか、という嘆きの言葉である。

長兄の五瀬命《いつせのみこと》をはじめとする三人の兄は熊野上陸前、落命するか異界に去り、その後の大和平定はイハレビコだけで行われたとする点で、記紀の記述は共通している。

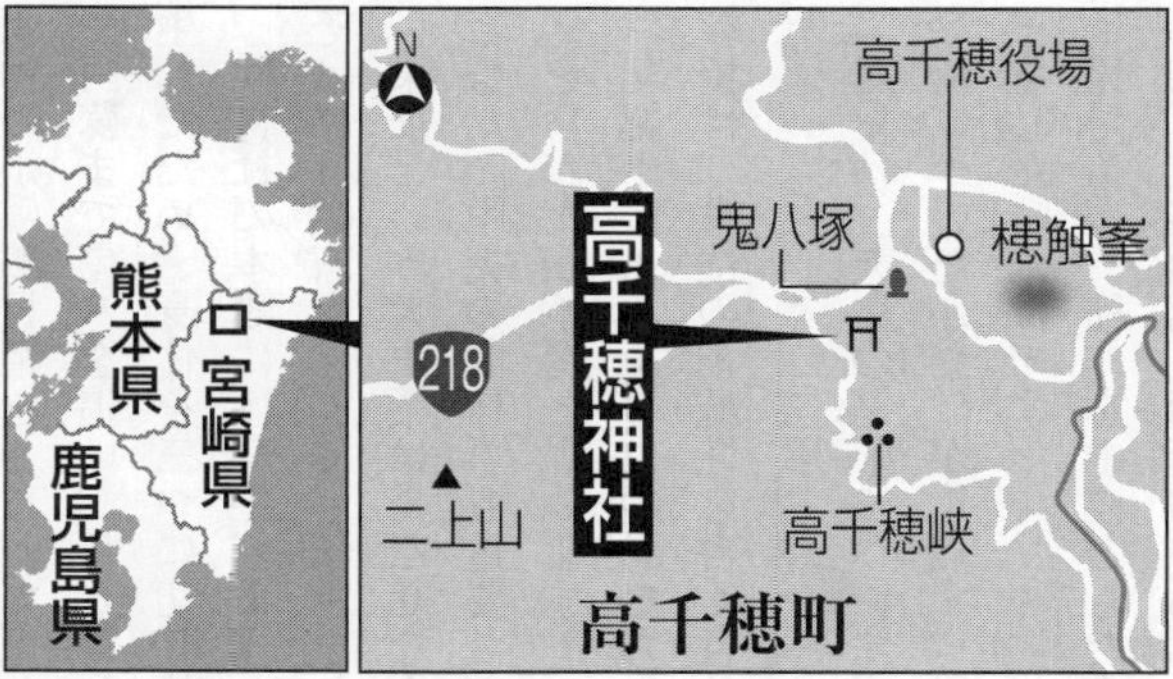

宮崎県高千穂町の高千穂神社。宮崎県最北部で、天孫降臨の地ともいわれる二上山と槵触峯《くしふるのみね》に近い同神社は、常世国に渡った御毛沼命（社伝では三毛入野命）が日向に帰り、曽祖父から父までの日向三代を祭ったことを起源とする神社である。御毛沼命も妻と八人の御子と共に、十社大明神として祭神になっている。

「東征に就いた四人の兄弟には、意志に濃淡があったのではないでしょうか。海神の子なのに暴風に苦しみ、船も壊れた。これは死んだも同然だと考えて故郷に帰った。人間的な弱さも感じさせるのがご祭神だと思います」

後藤俊彦宮司はそう話すが、御毛沼命には英雄譚《たん》も残る。地元に残る鬼八伝承である。

〈三毛入野命たちの留守中、二上山の千々ケ窟《いわや》に住む鬼八という鬼が悪行の限りを尽くし、祖母岳明神の娘、鵜目姫《うのめひめ》をさらって鬼ケ窟に隠した。三毛入野命は、姫を助けるために肥後や阿蘇まで鬼八を追い、斬り殺した。死骸を埋め、八尺の石で押さえたが、魔力で蘇生したため、身体を三つに切り離して埋めた〉

同神社の本殿には蘇生しようとする鬼八を踏みつけて退治する神像が刻まれている。そばには鎮石もあって、伝承をしのばせる。

「東征という大事業は果たせなかったが、ご祭神は地元を守ることで役目を果たそうとした。中央の大仕事も重要だが、地方をしっかり守る者も必要。現代にも通じる教えを含んだ伝承だと思います」

記紀が、イハレビコの兄たちに触れない理由について、宮崎県立看護大の大館真晴教授は、皇位の正統性を書く目的を挙げる。

「記紀は、天皇の兄弟について、皇位にからまない場合はほとんど触れない。いかに皇位についたかだけが焦点で、兄弟が詳しく書かれるのは、皇位継承を阻むようなことをした時だけです」

兄たちが、稲作を中心とした家族的国家の建設のために尽くしたことはその名でわかる、と後藤宮司は指摘する。

御毛沼命の「毛」は古語で食《け》の意。穀物に関する文字だ。次兄の稲氷命《いなひのみこと》は稲飯命の表記さえある。稲作文化を広める東征で、兄たちも重責を果したことは間違いないのだ。

高千穂の夜神楽

高千穂神社で観光用に行われるものが有名だが、本来は十一月中旬から二月上旬にかけて、高千穂町内の神楽宿で奉納される。神楽宿は八十世帯から四十世帯に一軒が選ばれる。神楽宿では全三十三番の神楽が舞われる。一番は「彦舞」。ニニギノミコトの降臨を導いた猿田彦による序曲の舞で、「神《かみ》降《おろし》」「鎮守」などと続く。呪術的な神事舞と神話の物語を演じるものに大別でき、人気は「手力雄《たちからお》」「鈿女《うずめ》」「戸取《ととり》」「舞開《まいひらき》」など。天岩屋隠れを題材にした神楽で、太陽神を取り戻す苦労や喜びを表現している。

3 布都御魂《ふつのみたま》

危機を救った刀 生命を預かる神

〈此の刀の名は佐士布都神《さじふつのかみ》と云ふ。またの名は甕布都神《みかふつのかみ》と云ふ。またの名は布都御魂《ふつのみたま》。此の刀は石上神宮《いそのかみのかむみや》に坐《い》ます〉

古事記がこれだけ別名を列記し、その所在まで明記していることで、東征での貢献度がわかる。

刀は、大国主命に国譲りさせたタケミカヅチノカミが高天原から下したものだ。この刀の霊威によって、熊野灘から上陸したカムヤマトイハレビコノミコト（神武天皇）は眠りから覚め、荒ぶる神をことごとく斬り倒したのである。

布都御魂大神を主祭神とする石上《いそのかみ》神宮（奈良県天理市）は、日本最古の神社の一つとされる。

参拝者がいただくお守りは、同神宮の神宝、七支刀をあしらった御神劔守《ごしんけんまもり》。

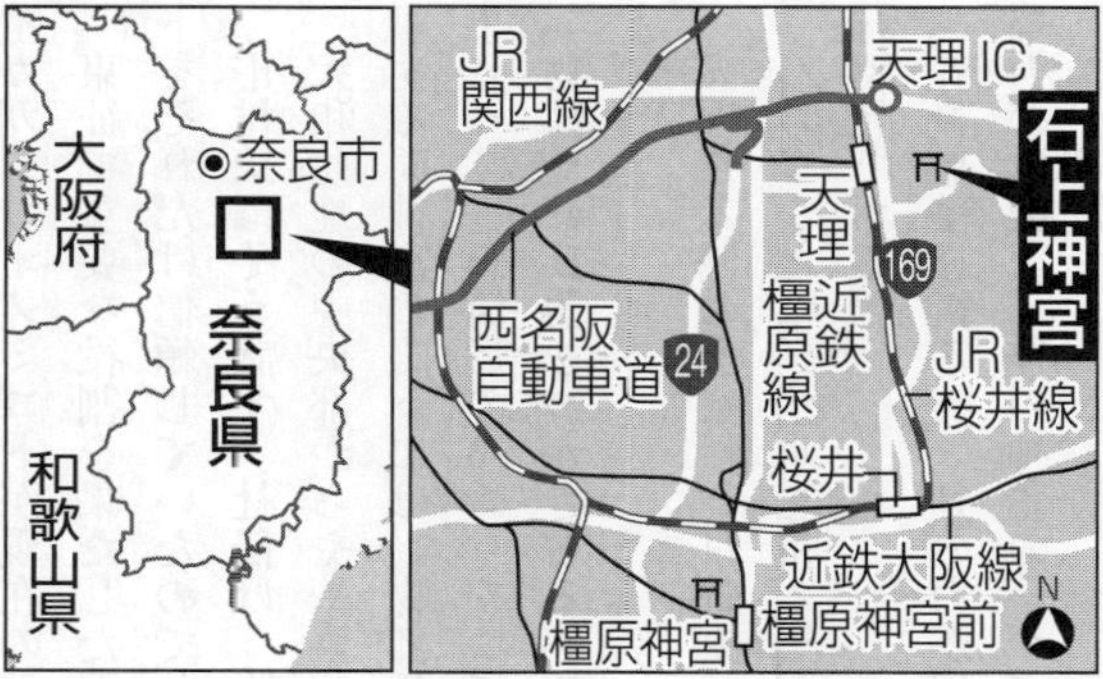

「起死回生のご利益があります。神武天皇の危機を救った功績から、ご祭神にはその力があるとされています」

市村建太権禰宜《ごんねぎ》はそう話す。

布都御魂は同神宮創建以前、物部氏につながる一族が祭ってきた。物部氏は、大和朝廷での武門の棟梁《とうりょう》。

大和平定の最終段階で降ったニギハヤヒノミコトと、生駒越えでイハレビコに苦杯をなめさせたナガスネビコの妹トミヤビメとの子、ウマシマヂノミコトを祖とする、と古事記は書く。

社伝によれば、イハレビコは橿原の宮での即位後、神代に行われた国譲りや東征での布都御魂の功績をたたえ、ウマシマヂに命じて宮中で祭らせた。その後、十代崇神天皇のころ、物部氏の祖、イカガシコオノミコトが現在の地に遷《うつ》したという。

「東征で重要な役割を果たした刀を託したのですから、神武天皇はウマシマヂノミコトをそれだけ信頼していたのでしょう」

市村氏はそう話す。社伝は、物部氏が重用された理由も示唆している。

大和盆地の中央部からやや東寄り。布留山（標高二六六メートル）の麓の高台に鎮座する同神宮の眼下には、物部氏が拠点とした布留遺跡がある。遺跡からは武器類にまじって、円筒形のハニワやつぼ形の土器が多数見つかっている。

「物部氏は武器をつかさどる部族ですが、同時に祭祀集団でもあったことが推測されます」

天理参考館の学芸員、日野宏氏はそう話す。

ハニワなどは、治水を祈る祭祀に使われたと考えられるが、注目されるのは剣形の石製品である。

「五穀豊穣《ほうじょう》を祈る際、剣の力が用いられていたことになる。刀は武器だけではなく、権力の象徴。三種の神器の一つでもあり、特殊な力が備わっていると考えられていたのでしょう」

物部氏の総氏神だった同神宮は現在、健康長寿や病気平癒、除災招福、百事成就の守護神として信仰される。市村氏はこう話す。

「ご祭神は、刀の神であっても武の神ではありません。生命の根幹を預かる神としてお祭りしています」

日本人が古来、刀に惹《ひ》かれるのはこのためだろう。

刀の神を祭る神社

石上神宮の祭神は布都御魂大神だけではない。ニギハヤヒが高天原から持参した布留御魂大神、須佐之男命がヤマタノオロチを退治する際に使った布都斯魂大神も含めた三柱だ。

刀の神を祭る神社は、日本書紀でタケミカヅチとともに国譲りを成功させたと書かれるフツヌシノカミを祭る香取神宮（千葉県）、須佐之男命に退治されたヤマタノオロチの尾から見つかった草薙《くさなぎ》の剣を祭る熱田神宮（名古屋市）などがある。

草薙の剣に十二代景行天皇の御子、ヤマトタケルの東征にも登場し、三種の神器の一つに数えられる。

4 〈道臣命《みちのおみのみこと》〉

先陣を切り武功 忠臣の象徴

〈汝、忠《まめ》にして且勇《またいさみ》あり。加能《またよ》く導の功有り。是を以ちて、汝が名を改め道臣《みちのおみ》と為《せ》む〉

熊野上陸後、日臣命《ひのおみのみこと》はカムヤマトイハレビコノミコト（神武天皇）一行の先頭に立って道を切り開いた。その功績をイハレビコはたたえ、道臣命《みちのおみのみこと》の名を与えた、と日本書紀は記す。

〈大伴連等が祖《おや》道臣命〉

古事記はそう書く。古事記で初めて、その名が出るのは大和・宇陀で兄宇迦斯《えうかし》の罠《わな》を見破り、イハレビコの危機を救ったときである。

その後も八十梟帥《やそたける》を討つなど武功を重ね、軍旅の途中で神を祭る斎主の役割も命じられ、「厳媛《いつひめ》」という名を与えられた、と書紀は記す。

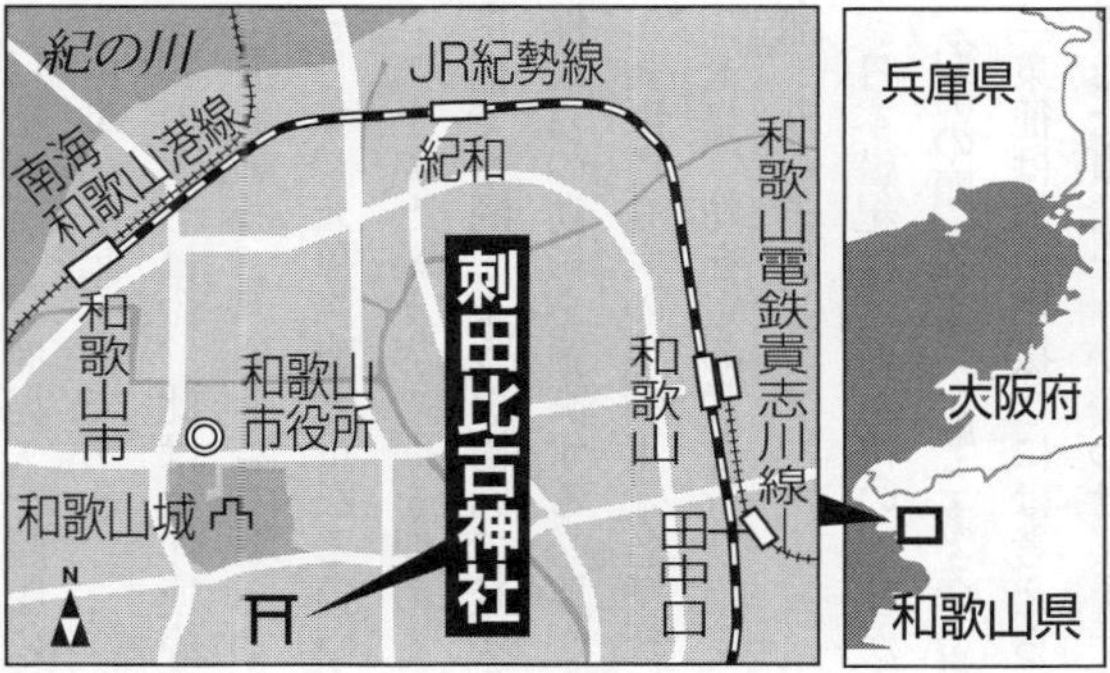

「祭祀《さいし》での役割も与えられていますから、単なる将軍ではなく、呪術的な力を持った導き手だったのでしょう」

道臣命を祭る刺田比古《さすたひこ》神社（和歌山市片岡町）の禰宜《ねぎ》、岡本和宜氏はそう話す。同神社は、大和朝廷の有力豪族だった大伴氏が拠点とした地に建つ。周辺は古代、島だったとみられるほか、ご神体は船の形をしている。

岡本氏は、道臣命は紀の川沿いを勢力下に置き、イハレビコが来たときに下った、と考えている。「海上交通にも詳しく、案内役としても適任だったのでしょう」

社伝などでは、道臣命の父は刺田比古命《さすたひこのみこと》。さらにさかのぼると、天孫降臨の際にニニギノミコトの先導役を果たした天忍日命《あめのおしひのみこと》に至る。大刀を帯びて弓を持ち、真鹿児矢《まかごや》を脇腹に挟んだ武装姿で、天津久米命《あまつくめのみこと》とともに先頭に立った、と古事記が記す神である。

〈其の天忍日命、此は大伴連等が祖〉

古事記は、天孫降臨の場面でもそう書いている。度々登場する大伴連という名前。そして、天孫降臨と重なる道臣命の活躍は何を示すのか。

「天上界と地上界の間を埋めるのが天孫降臨。その場面で重責を果たした神の子孫が、東征でも同じような構図で登場する。大和朝廷を守る軍事的な集団を統率していた大伴氏らの功績を強調する必要があったのでしょう」

大阪市立大の毛利正守名誉教授はそう推測する。

〈天皇、功を定め賞を行ひたまふ。道臣命に宅地を賜ひ、築坂邑《つきさかのむら》に居《は》らしめ、以ちて寵異《ことにめぐ》みたまふ〉

日本書紀は、即位後の天皇が真っ先に道臣命の功に報い、そして寵愛《ちょうあい》した、と書く。

「名前の順が功績の順と考えて良いでしょう」と毛利名誉教授は言う。

「東征は道臣命抜きには考えられず、天皇は大和平定後もそばに置いた。書紀は、そうした事情をうかがわせます」

江戸時代後期から刊行され、皇族や忠臣などを紹介した『前賢故実』という伝記集がある。そこでは東征に功績があった存在として、五瀬命《いつせのみこと》の次に道臣命が登場する。五瀬命は畿内まで弟イハレビコを支え、敵の矢に当たって落命した長兄である。「道臣命は忠臣の象徴だったと言っていいのでは」。岡本氏はそう話す。

刺田比古神社

道臣命と大伴佐氐比古命《おおとものさでひこのみこと》が祭神で、和歌山城の氏神。大伴氏によって創建されたと伝わり、四十五代聖武天皇による紀伊御幸の際の離宮になったともいわれる。豊臣秀吉が和歌山城を築くにあたっては城鎮護の神として尊んだ。徳川八代将軍・吉宗の拾い親の逸話でも知られる。厄を払うために吉宗は一度捨てられ、同神社の宮司だった岡本長諄《ながあきら》が拾ったことから、吉宗はその後も同神社を崇敬した。

出世開運、厄除けの神社として知られるほか、道臣命の活躍で交通安全祈願の神社ともされる。

5 九州鎮護〈日子八井命《ひこやゐのみこと》〉

父の偉業守った子

〈あれ坐《ま》せる御子の名は日子八井命《ひこやゐのみこと》、次に神八井耳命《かむやゐみみのみこと》、次に神沼河耳命《かむぬなかはみみのみこと》〉

神武天皇となったカムヤマトイハレビコノミコトが皇后との間にもうけた子を、古事記はそう書く。

次兄と末子は、義兄の当芸志美々命《たぎしみみのみこと》が皇位をねらった際の活躍が描かれ、末子は二代綏靖《すいぜい》天皇になったことも記されている。しかし、長兄はわずかにこう書かれているにすぎない。

〈故其の日子八井命は、茨田連《うまらたのむらじ》、手島連が祖〉

子孫が朝廷の臣下となったことがわかるだけの長兄の消息を伝えるのは、草部吉見神社（熊本県高森町）である。

日子八井命を主祭神として祭る同神社は、阿蘇と高千穂の中間、奥阿蘇と呼ばれる

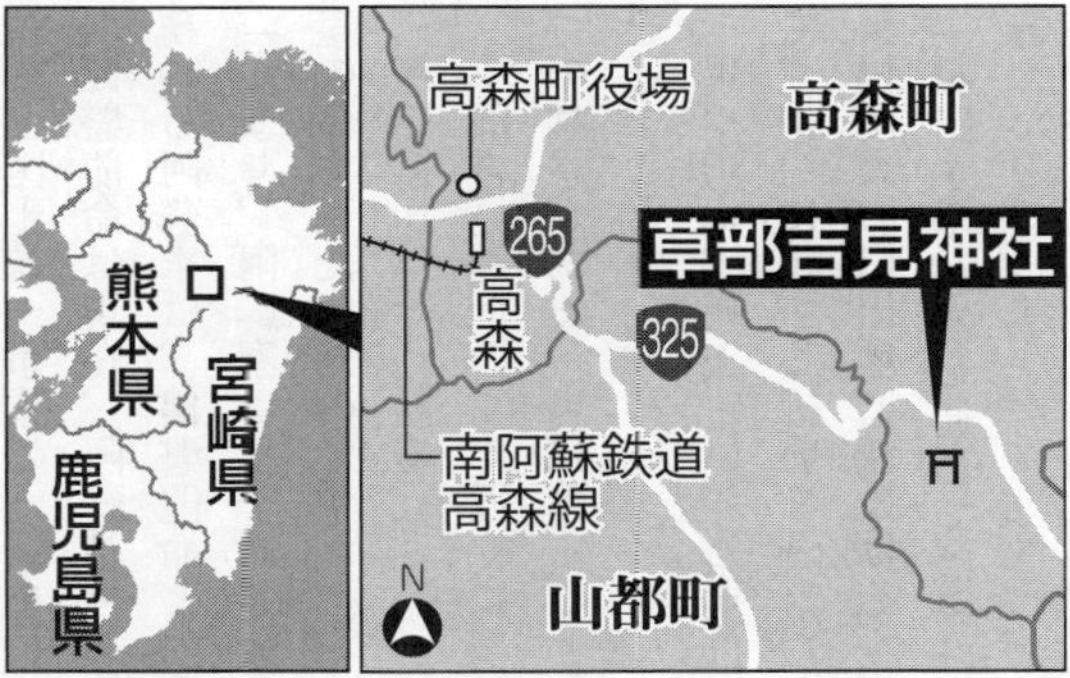

地にある。杉の木立を下ったところに社殿があり、「日本三大下り宮」と呼ばれる。

〈日子八井命は、神武天皇の六十九年、日向高千穂より草部に入られ（中略）今の草部吉見神社の所にあった池を干し、宮居を定められた〉

社伝にはこう書かれる。この時、池に住んで住民を脅かしていた大蛇を退治したという。この伝承は地名としても残る。

「大蛇が血を流しながら逃げていったところを血引原（現在の地引原）、最後に焼かれたところを灰原と呼んでいます」

芹口恭介宮司はそう話す。伝承はさらに続く。

宮居を定めた翌年、甥の健磐龍命《たけいわたつのみこと》が九州統制のためにやって来ると、日子八井命は娘の阿蘇津姫を嫁がせた。そして健磐龍命と力を合わせ、九州鎮護と国土統一事業の一翼を担った——。

健磐龍命は現在、阿蘇神社（熊本県阿蘇市）に祭られている。同神社の宮司を代々務める阿蘇家は、健磐龍命と阿蘇津姫の子孫とされる。

「つまり、阿蘇家は日子八井命の子孫でもあり、日子八井命は九州鎮護で父、神武天皇の命を果たしたのです」

芹口宮司はそう語る。

草部吉見神社のすぐ近くに、日子八井命の墓所とされる場所がある。敷地内では三つの禁忌がある。馬に乗ること▽汚物を焼くこと▽婚姻で他の村へ出る女人や、死人を通すこと——である。

「馬や汚物、死人という禁忌は、神社で一般的に見られるもの。身分が高い人の墓で、神社に類する扱いをされたとも考えられる」

福岡大の白川琢磨教授はそう指摘する。

「婚出する女人を通してはいけないというのは、氏子、住民の減少を防ぐねらいがあったのでしょう」

同神社から七〇〇メートルほど離れた地には日子八井命の第一御子、天彦命《あまつひこのみこと》を祭る三郎神社がある。日子八井命は息子がいるにもかかわらず、娘婿の健磐龍命と九州鎮護の大事に当たったのである。

その理由を芹口宮司はこう推測する。

「健磐龍命が神武天皇の勅命で下ってきたからでしょう」

実直に地方を守ることで父の造った国を次代に継ごうとした長兄の姿が、伝承からうかがえる。

弟たちの活躍

日子八井命の末弟、神沼河耳命は、次兄の神八井耳命に代わって武器を取り、当芸志美々命を討ったことで二代綏靖天皇になり、葛城に都を造って高岡の宮とした。

皇后としたのは神武天皇の皇后、媛蹈韛《ひめたたら》五十鈴媛命《いすずひめのみこと》の妹、五十鈴依媛《いすずよりひめ》。つまり叔母を皇后とした。

綏靖天皇は日本書紀では八十四歳（古事記では四十五歳）で崩御した。神八井耳命はその二十九年前に薨去《こうきょ》したと書かれている。

一方、日子八井命は日本書紀では、その名も見えない。古事記には名はあるものの、当芸志美々命の変では全く登場しない。

財團法人日本文化中央聯盟主催
皇紀二千六百年奉祝藝能祭制定

交聲曲　海道東征

信時　潔　作曲
北原白秋　作詞

古事記が描く東征は、詩人・北原白秋が詩にしている。八章から成る詩は「海道東征」。神武天皇が即位して二六〇〇年の昭和十五年、皇紀二六〇〇年の奉祝のためにつくられた。詩人として名声を確立し、究極の日本語の美しさを追求していた頃の白秋が渾身の思いでつくった詩は、神話の世界のもう一つの魅力を余すところなく表現している。

第一章　高千穗

男聲獨唱並に合唱

神坐《かみま》しき、蒼空《あをぞら》と共《とも》に高《たか》く、
み身坐《みま》しき、皇祖《すめらみおや》。
遥《はる》かなり我《わ》が中空《なかぞら》、
窮《きは》み無《な》し皇産靈《すめらむすび》、
いざ仰《あふ》げ世《よ》のことごと、

天《あめ》なるや崇《たか》きみ生《あれ》を。

國成《くにな》りき、綿津見《わたつみ》の潮《しほ》と稚《わか》く、
凝《こ》り成《な》しき、この國土《くにつち》。
遥《はる》かなり我《わ》が國生《くにうみ》、
おぎろなし天《あめ》の瓊鉾《ぬぼこ》、
いざ聽《き》けよそのこをろに、
大八洲《おほやしまあが》騰るとよみを。

皇統《みすまる》や、天照《あまて》らす神《かみ》の御裔《みすゑ》、
代々《よよ》坐《ま》しき、日向《ひむか》すでに。
遼《はる》かなり我《わ》が高千穂《たかちほ》、
かぎりなし千重《ちへ》の波折《なをり》、
いざ祝《ほ》げよ日《ひ》の直射《たださ》す
海山《うみやま》のい照《て》る宮居《みやゐ》を。
神坐《かみま》しき、千五百秋瑞穂《ちいほあきみづほ》の國《くに》、
遼《はる》かなり我《わ》が肇國《はつくに》、
皇國《すめぐに》ぞ豊葦原《とよあしはら》。
窮《きは》み無《な》し天《あま》つみ業《わざ》、
いざ征《た》たせ早《は》や東《ひがし》へ、
光宅《みちた》らせ王澤《みうつくしび》を。

第二章　大和思慕

女聲（獨唱並に合唱）

大和《やまと》は國《くに》のまほろば、
たたなづく青垣山《あをがきやま》。
東《ひむがし》や國《くに》の中央《もなか》、
とりよろふ青垣山《あをがきやま》。
美《うるは》しと誰《た》ぞ隱《こも》る、
誰《た》ぞ天降《あも》るその磐船《いはふね》。
愛《かな》しよ鹽土《しほつち》の老翁《をぢ》、
きこえさせその大和《やまと》を。
大和《やまと》はも聽美《ききうるは》し
その雲居《くもゐ》思《も》ひ遙《はる》けし。

美《うるは》しの大和《やまと》や、
美《うるは》しの大和《やまと》や。

第三章　御船出

男聲女聲（獨唱並に合唱）

その一
日《ひ》はのぼる、旗雲《はたぐも》の豐《とよ》の茜《あかね》に、
いざ御舟《みふね》行《い》でませや、
　うまし美々津《みみつ》を。
海凪《うみな》ぎぬ、陽炎《かぎろひ》の東《ひがし》に立《た》つと、
いざ行《ゆ》かせ、照《て》り美《ぐは》しその海道《うみつぢ》。
海凪《うみな》ぎぬ、朝《あさ》ぼらけ潮《しほ》もかなひぬ、
艫舳《ともへ》接《つ》ぎ、大御船《おほみふね》、御船出《みふなで》今《いま》ぞ。

その二
あな清明《さや》け、神倭磐余彦《かむやまといはれひこ》、その命《みこと》や、
あな映《は》ゆし、もろもろの皇子《みこ》たちや、
　その皇兄《いろせ》や。
いでませや、おほらかに大御軍《おほみいくさ》、
まだ蒙《くら》し、遙《はる》けきは鴻荒《あらき》に屬《あ》へり。
慶《みめぐみ》を皇祖《すめみおや》かく積《つ》みましき、
正《ただ》しきを年《とし》のむた養《やしな》ひましぬ。
神柄《かむがら》や、幾萬《いくよろづ》、年經《としふ》りましき、
暉《みひかり》や、かつ重《かさ》ね、代々《よよ》坐《ま》しましぬ。
和《にぎ》み靈《たま》また和《やは》せ、ただに安《やす》らと、

荒《あら》み靈《たま》まつろはぬいざことむけむ。
大御稜威《おほみいつ》照《て》らすと御船出成《みふなでな》りぬ、
日《ひ》の皇子《みこ》や、御鉾《みほこ》とり、かく起《た》ちましぬ。

その三

日《ひ》はのぼる、旗雲《はたぐも》の照《て》りの茜《あかね》を、
いざ御船《みふね》、出《い》でませや、明《あ》かき日向《ひむか》を。
海凪《うみな》ぎぬ、滿潮《みちしほ》のゆたのたゆたに、
いざ行《ゆ》かせ、照《て》り美《ぐは》しその海道《うみつぢ》。
海凪《うみな》ぎぬ、朝《あさ》ぼらけ潮《しほ》もかなひぬ、
艫舳《ともへ》接《つ》ぎ、大御船《おほみふね》、御船出《みふなで》、今《いま》ぞ。

第四章　御船謠

男聲獨唱並に合唱

その一

御船出《みふなで》ぞ、大御船出《おほみふなで》、
御伴船《みともぶね》擧《こぞ》りさもらへ、
御伴《みとも》びと擧《こぞ》り仰《あふ》げや。
搖《ゆ》りとよめ、科戸《しなど》の風《かぜ》と
聲放《こゑはな》て、東《ひがし》に向《む》きて、
大御船眞梶繁《おほみふねまかぢしじ》ぬき、
照《て》りわたる御弓《みゆみ》の弭《ゆはず》、
あな清明《さや》け、神《かみ》にします、
あな眩《まば》ゆ、皇子《みこ》にします。
はろばろや大海原《おほうなばら》、
涯《はて》なしや青水沫《あをみなわ》、
搖《ゆ》りとよめ大《おほ》き國民《くにたみ》、
大君《おほきみ》に、

この神《かみ》に、
讃《たた》へ言《ごと》、
壽詞《よごと》申《まう》せや。

その二

荒海《あらうみ》の
荒海《あらうみ》の潮《しほ》の八百道《やほぢ》の
八潮道《やしほぢ》の、
潮《しほ》の八百會《やほあひ》に、ハレヤ
とどろ坐《ま》す速開津姫《はやあきつひめ》に、
朝開《あさびらき》、朝《あさ》のみ霧《きり》の
遠白《とほじろ》に、
末鎭《すゑしづ》み
鎭《しづ》まらせ、
み眼《め》すがすがと笑《ゑ》ませとぞ、
きこしめせと申《まう》さく
み船謠《ふなうた》。

その三

い

ヤァハレ
海原《うなばら》や青海原《あをうなばら》。
ヤァハレ
青雲《あをぐも》やそのそぎ立《たち》、
その極《きは》み、こをば。
我《わ》が海《うみ》と大君《おほきみの》宣らす、
我《わ》が空《そら》と皇孫《すめみまし》領らす。

ろ

ヤァハレ
潮《しほなわ》漚のとどまるかぎり、
船《ふね》の舳《へ》の行《ゆ》き行《ゆ》くきはみ。

ヤァハレ
島《しま》かけて、八十嶋《やそしま》かけて
大海《おほうみ》に舟満《ふねみ》ちつづけて。
見《み》はるかし、大君宣《おほきみの》らす、
四方《よも》つ海皇孫《うみすめみまし》領らす。

は

ヤァハレ
國土《くにつち》や、大國土《おほくにつち》。
ヤァハレ
國《くに》の壁《かべ》、そのそぎ立《たち》、
その極《きは》み、こをば。
我《わ》が國《くに》と大君宣《おほきみの》らす
我《わ》が土《つち》と皇孫《すめみまし》領らす。

に

ヤァハレ
青雲《あをぐも》のそぎ立《た》つきはみ、
白雲《しらくも》の向伏《むかふ》すかぎり。
ヤァハレ
谷蟆《たにぐく》のさわたるきはみ、
馬《うま》の爪《つめ》とどまるかぎり。
見《み》はるかし、大君宣《おほきみの》らす、
四方《よも》つ國皇孫《くにすめみまし》領らす。

ほ

ヤ
狭《さ》の國《くに》は廣《ひろ》くと、
ヤ

嶮《けは》し國平《くにたひ》らけくや。
ヤ
遠《とほ》き國《くに》は綱《つな》うち掛《か》け、
もそろよと、
國引《くにひ》くと、引《ひ》き寄《よ》すと。
あなおほら、大君《おほきみの》宣らす、
あなをかし、目翳《まかげ》しおはす、
善《え》しや、善《え》しや、彌榮《いやさか》。
とどろとどろ、彌榮《いやさか》。

第五章　速吸と菟狹

その一

男聲獨唱

海原《うなばら》や青海原《あをうなばら》、
海道《うみつぢ》の導《みちびき》や、早《は》や槁根津日子《さをねつひこ》、
速吸《はやすひ》の水門《みと》になも、その珍彥《うづひこ》。

童聲或は女聲合唱（童ぶり）
龜《かめ》の甲《かふ》に搖《ゆ》られて、
潮《しほ》の瀬《せ》に搖《ゆ》られて、
かぶりかうぶり海《あま》の子《こ》、
棹《さを》やらな、附《つ》いまゐれ、
波《なみ》かぶりかぶるに、
み船《ふね》へと移《うつ》らせ、
名《な》をのれ早《は》や早《は》や、

み船《ふね》へまゐ出《づ》るは
臣《やつこ》ぞとそれまをす。
國《くに》つ神《かみ》と這《は》ひこごむ。
潮《しほ》みづく國《くに》つ神《かみ》、
海豚《いるか》の眼《まみ》見みよな、
遠眼《とほめ》、鋭眼《とめ》、慧《さか》しな、
羽《は》ぶり羽《は》ぶりおもしろ。

その二

男聲女聲（交互に唱和並に合唱）

菟狹《うさ》はよ、さす潮《しほ》の水上《みなかみ》、
豐國《とよくに》の行宮《かりみや》。
ああはれ、足一騰宮《あしひとつあがりのみや》とよ、行宮《かりみや》。
足一騰宮《あしひとつあがりのみや》は行宮《かりみや》と
青《あを》の岩根《いはね》に一柱《ひとはしら》坐す。

足一騰宮《あしひとつあがりのみや》に參出《まゐづ》ると
大《おほ》わたの龜《かめ》や川《かは》のぼり來《く》る。
足一騰宮《あしひとつあがりのみや》の大御饗《おほみあへ》、
誰《た》が獻《たてま》つるはるか雲居《くもゐ》に。
足一騰宮《あしひとつあがりのみや》は菟狹津彦《うさつひこ》、
朝《あした》さもらふ夕《ゆふべ》さもらふ。
足一騰宮《あしひとつあがりのみや》は湍《たぎ》の上《へ》や
足一《あしひと》つ騰《あが》り雲《くも》の邊《べ》に坐《ま》す。

ええしや、をしや。
ええしや、をしや。

第六章　海道回顧

男聲女聲（交互に唱和並に合唱）

その一

かがなべて、日《ひ》を夜《よる》を海原《うなばら》渡《わた》り、
かがなべて將《は》た歳《とし》を宮遷《みやうつ》らしき。
　ああはれ、その幾歳《いくとせ》、
ああはれ、その行《ゆ》き行《ゆ》き。

年《とし》ごとに御伴船《みともぶね》いや數殖《かづふ》えぬ、
つぎつぎに御從《みつき》びとまたいや增《ま》しぬ、
　ああはれ、また春秋《はるあき》、
ああはれ、そが海山《うみやま》。

その二

月《つき》の端《は》や、足一騰宮《あしひとつあがりのみや》、
一年《ひととせ》や、筑紫《つくし》の崗田《をかだ》の宮《みや》。
多祁理《たけり》とも、阿岐《あき》の埃《え》の宮《みや》、
たづたづや、七年《ななとせ》や、あはれ。
吉備《きび》にして、また八年《やとせ》、高嶋《たかしま》の宮《みや》、
大和《やまと》はも遠《とほ》しとよ、高千穗《たかちほ》よ遙《はる》けしと。

その三

かがなべて、日《ひ》を夜《よる》を海原《うなばら》渡《わた》り、
かがなべて、將《は》た歳《とし》を宮遷《みやうつ》らしき。
　ああはれ、その幾歳《いくとせ》、
ああはれ、その行《ゆ》き行《ゆ》き。

滿《み》ち滿《み》つやみ蓄《たくはへ》、早《は》やかく成《な》りぬ、
天《あめ》の下《した》ことむけむ秋今成《ときいまな》りぬ。
　ああはれ、えしや、
ああはれ、今《いま》ぞ秋《とき》や。

第七章　白肩の津上陸

男聲（獨唱並に合唱）

その一

青雲《あをぐも》の白肩《しらかた》の津《つ》、その津《つ》に、
雄《を》たけびぞ今《いま》あがる、御船《みふね》泊《は》てぬ。
　いざのぼれ大御軍《おほみいくさ》、
いざ奮《ふる》へ丈夫《ますらを》の伴《とも》。
浪速《なみはや》の邊《へ》に騷《さわ》ぐ味鳬《あぢがも》や、その渚《す》を、
追《お》ひ押《お》しに押《お》しのぼり、み楯《たて》並《な》めぬ。
　いざのぼれ大御軍《おほみいくさ》、
いざ奮《ふる》へ丈夫《ますらを》の伴《とも》。

その二

日下江《くさかえ》の蓼津《たでつ》、その津《つ》に、
雄《を》たけびぞ今《いま》あがる、大御軍《おほみいくさ》。
　いざのぼれ、大和《やまと》は近《ちか》し、
いざ奮《ふる》へ丈夫《ますらを》の伴《とも》。
浪速《なみはや》の潮《うしほ》なし遡《さかのぼ》ると、
我《わ》が行《ゆ》かば何《なに》はばむ長髄彦《ながすねひこ》。
　いざのぼれ、大和《やまと》は近《ちか》し、
いざ奮《ふる》へ丈夫《ますらを》の伴《とも》。

第八章　天業恢弘

男聲女聲（獨唱齊唱並に合唱）

神坐《かみま》しき、蒼雲《あをぐも》の上《うへ》に高《たか》く、
高千穗《たかちほ》や槵觸峯《くじふるたけ》。
　遼《はる》かなりその肇國《はつくに》、
窮《きは》み無《な》し天《あま》つみ業《わざ》、
いざ仰《あふ》げ大御言《おほみこと》を、

畏《かしこ》きや清《さや》の御鏡《みかがみ》。
國《くに》ありき、綿津見《わたつみ》の潮《しほ》と稚《わか》く、
光宅《みちた》らし、四方《よも》の中央《もなか》。
遼《はる》かなりその國生《くにうみ》、
かぎりなし天《あま》つ日嗣《ひつぎ》、
いざ繼《つ》がせ言依《ことよ》さすもの、
勾玉《まがたま》とにほひ綴《つづ》らせ。
道《みち》ありき、古《いにしへ》もかくぞ響《ひび》きて、
つらぬくや、この天地《あめつち》。
遼《はる》かなりその神性《かむさが》、
おぎろなしみ劍《つるぎ》よ太刀《たち》。
いざ討《う》たせまつろはぬもの、
ひたに討《う》ち、しかも和《やは》せや。
雲蒼《くもあを》し、神《かみ》さぶと彌《いや》とこしへ、

照《て》り美《ぐは》し我《わ》が山河《やまかは》。
遼《はる》かなりその國柄《くにがら》、
動《ゆる》ぎなし底《そこ》つ磐根《いはね》、
いざ起《た》たせ　天皇《すめらみこと》、
神倭磐余彦命《かむやまといはれひこのみこと》。
神《かみ》と坐《ま》す大御稜威《おほみいつ》高領《たかし》らせば、
八紘一《あめのしたひと》つ宇《いへ》とぞ。
遼《はる》かなりその肇國《はつくに》、
涯《はて》もなし天《あま》つみ業《わざ》、
いざ領《し》らせ大和《やまと》ここに、
雄《を》たけびぞ、彌榮《いやさか》を我等《われら》。

取材班スタッフ

安本寿久（やすもと・としひさ）

昭和33年、兵庫県生まれ。大阪社会部次長、編集局次長兼総合編集部長、産経新聞編集長などを経て特別記者編集委員。著書に『評伝廣瀬武夫』、共著に『親と子の日本史』『坂の上の雲をゆく』『人口減少時代の読み方』など。

川西健士郎（かわにし・けんしろう）

昭和51年、東京都生まれ。福井支局、大津支局、奈良支局、大阪社会部を経て津支局記者。北陸の白山信仰、近江、大和の考古学などを取材し、白山信仰に関しては長期連載した。

佐々木 詩（ささき・うた）

昭和53年、山形県生まれ。津支局、和歌山支局などを経て文化部記者。世界遺産・熊野古道や伊勢神宮の式年遷宮を取材。作曲家・信時潔の半生を追う連載にも参加した。

兵頭 茜（ひょうどう・あかね）

昭和63年、宮崎県生まれ。和歌山支局記者。県警担当として事件、事故を取材するかたわら、世界遺産・熊野古道などを取材。古道や高野山町石道を歩き、ルポとして連載した。

地主明世（ぢぬし・あきよ）

昭和63年、兵庫県生まれ。東北総局を経て和歌山支局記者。主に和歌山市の行政を担当し、東北総局では東日本大震災の身元不明・行方不明者の捜索を取材した。

恵守 乾（えもり・かん）

昭和54年、宮崎県生まれ。カメラマンとして入社し、ニュース担当、スポーツ担当、京都総局駐在を経て再度、ニュース担当。スポーツから神話まで幅広く取材。

本書は平成27（2015）年1月9日から12月20日まで、産経新聞に連載された『「海道東征」をゆく―神武さまの国造り』に、加筆、修正したものです。肩書や事実関係は、新聞連載時のものです。
単行本　平成28年8月　産経新聞出版刊

装幀／伏見さつき　DTP／佐藤敦子　写真／産経新聞社

産経NF文庫

神武天皇はたしかに存在した

二〇一九年二月二十一日 第一刷発行
著 者 産経新聞取材班
発行者 皆川豪志
発行・発売 株式会社 潮書房光人新社
〒100-8077 東京都千代田区大手町一-七-二
電話/〇三-六二八一-九八九一(代)
印刷・製本 凸版印刷株式会社
定価はカバーに表示してあります
乱丁・落丁のものはお取りかえ致します。本文は中性紙を使用
ISBN978-4-7698-7008-1 C0195
http://www.kojinsha.co.jp

産経NF文庫の既刊本

日本が戦ってくれて感謝しています

アジアが賞賛する日本とあの戦争

井上和彦

インド、マレーシア、フィリピン、パラオ、台湾……日本軍は、私たちの祖先は激戦の中で何を残したか。金田一春彦氏が生前に感激して絶賛した「歴史認識」を辿る旅――涙が止まらない！感涙の声が続々と寄せられた15万部突破のベストセラーがついに文庫化。

定価〈本体860円＋税〉 ISBN978-4-7698-7001-2

日本が戦ってくれて感謝しています2

あの戦争で日本人が尊敬された理由

井上和彦

第1次大戦、戦勝100年「マルタ」における日英同盟を序章に、読者から要望が押し寄せたインドネシア――あの戦争の大義そのものを3章にわたって収録。日本人は、なぜ熱狂的に迎えられたか。歴史認識を辿る旅の完結編。15万部突破ベストセラー文庫化第2弾。

定価〈本体820円＋税〉 ISBN978-4-7698-7002-9

産経NF文庫の既刊本

国会議員に読ませたい 敗戦秘話
政治家よ！もっと勉強してほしい

産経新聞取材班

敗戦という国家存亡の危機からの復興、そして国際社会で名誉ある地位を築くまでになったわが国――なぜ、日本は今、繁栄しているのか。国会議員が戦後の真の歴史を知らずして、この国を動かしているとしたら、日本国民としてこれほど不幸なことはない。

定価〈本体820円＋税〉 ISBN978-4-7698-7003-6

国民の神話
日本人の源流を訪ねて

産経新聞社

乱暴者だったり、色恋に夢中になったりと、実に人間味豊かな神様たちが多く登場し、躍動します。感受性豊かな祖先が築き上げた素晴らしい日本を、もっともっと好きになる一冊です。日本人であることを楽しく、誇らしく思わせてくれるもの、それが神話です！

定価〈本体820円＋税〉 ISBN978-4-7698-7004-3